Jan Hermanns

Ansätze christlicher Sozialarbeit

Soziale Arbeit aus dem Glauben

LAMBERTUS

Jan Hermanns

Ansätze christlicher Sozialarbeit

Soziale Arbeit aus dem Glauben

Lambertus

ISBN 3-7841-1497-0

Umschlag, Gestaltung, Satz: Ursi Aeschbacher, Biel-Bienne (Schweiz)
Herstellung: Franz X. Stückle, Druck und Verlag, Ettenheim

Bibliografische Information Der Deutschen Bibliothek

Die Deutsche Bibliothek verzeichnet diese Publikation in der Deutschen Nationalbibliografie; detaillierte bibliografische Daten sind im Internet über http://dnb.ddb.de abrufbar.

Inhalt

Zur Person und zum Werk von Jan Hermanns

Jan Hermanns war eine große, außergewöhnliche Persönlichkeit. Von Hause aus Journalist, widmete er sich nach seiner Hinwendung zum Glauben und einem Sozialarbeiterstudium ganz und gar den Armen, den Menschen vom Rande.

Der Journalist Jan Hermanns arbeitete zunächst beim „Fränkischen Tag“, wechselte 1971 als Referent für Öffentlichkeitsarbeit und Arbeitnehmerfragen zur Katholischen Landjugendbewegung Deutschlands. Eine Arbeit über die Jesus-people im Jahr 1971 führte ihn zur entscheidenden Auseinandersetzung mit seinem eigenen Leben und mit dem Glauben. Im Rahmen seiner Recherchen kam es zu einer Begegnung mit einem ehemaligen Drogenabhängigen, der nach seiner eigenen Aussage durch den Glauben an Jesus Christus von Drogen frei geworden war. Die Begegnung mit dem Junkie hatte ihn in der Tiefe getroffen und leitete die Wende in Jan Hermanns' Leben ein. Er hat diese Begegnung mit dem Drogenabhängigen bei Fortbildungsveranstaltungen oft erzählt und er hat sie auch selbst beschrieben. Hören wir deshalb Jan Hermanns selbst:

> „Im November 1971 kam es zur Begegnung zwischen mir und einem Drogenabhängigen, der mein Leben verändern sollte. Er, der vier Wochen vorher noch Fixer war (das heißt Heroin spritzte) berichtete mir, dass er durch den Glauben an Jesus Christus von Drogen frei geworden war. Das Ganze ereignete sich zwei Monate, nachdem ein Buch von mir herausgekommen war, das sozusagen ein linkes Coming-Out darstellte. Das Buch lautete „Revolution zur Befreiung des Menschen“ (Limburg 1971). Ich forderte kräftig die Überwindung des Kapitalismus und der Ungerechtigkeiten nicht nur in Lateinamerika, sondern auch bei uns und ich forderte zur Revolution im Geiste des Evangeliums heraus … Ich schrieb vom Heiligen Geist, doch ich kannte ihn nicht. Zwei Monate nach Herausgabe des Buches sollte ich mit Ihm konfrontiert werden, durch den erwähnten 20-jährigen Drogenabhängigen, der eine tiefe Liebe ausstrahlte und zu mir redete „nicht wie die Schriftgelehrten, sondern wie einer, der Vollmacht hat“. Er sagte mir, dass er die Liebe Jesu Christi erfahren und dass diese ihn frei gemacht habe. Diese Liebe sei es gewesen, die er immer gesucht habe und für die die Droge ein Ersatz gewesen sei.

Und er fragte mich, ob ich Jesus kenne. Eine Frage, die ich selbstverständlich bejahte, hatte ich mich doch ausführlich mit Jesus befasst. Und ich erzählte vom Sozialrevolutionär Jesus. Doch der junge Mann schüttelte nur den Kopf und fragte noch einmal, ob ich Jesus kennen würde. Und wieder dozierte ich, bis er mich schließlich unterbrach und mich aufforderte, ich solle nicht um den Brei herumreden und klar sagen, ob ich Jesus kenne oder nicht. Da erst ging mir auf, dass er unter „kennen" offensichtlich etwas ganz anderes verstand als ich.

Verblüfft hat mich dann, mit welcher Treffsicherheit der Dialog weiterging. Er traf ins Schwarze, wie es ein gut geschulter Psychologe nicht hätte besser tun können. So fragte er mich ganz einfach, was ich denn machen würde. Als ich sagte, dass ich Öffentlichkeitsreferent der Katholischen Landjugendbewegung sei, war er ganz entgeistert: „Was, du bist ein christlicher Jugendführer und kennst Jesus nicht? Wie kann ein Blinder einen Blinden führen?"

Ich war getroffen. Eigentlich hatte ich die Gruppe der Jesus-people, der er angehörte, überführen wollen. Ich war mit der festen Überzeugung gekommen, dass da Leute von einem Drogentrip auf einen religiösen Trip umgestiegen seien, und die Überschrift stand schon fest, bevor ich ankam: „Religion wieder Opium für das Volk". Dafür wollte ich Belege sammeln.

Auch in der Begegnung mit dem jungen Mann war ich immer noch versucht, ihn psychologisch auseinanderzunehmen. Doch irgendwie spürte ich: Hier ist heiliger Boden. Da hat ein Mensch etwas erlebt, das Ehrfurcht abverlangt und wo es sich verbietet, mit dem psychologischen Zahnstocher heranzugehen.

Ohne es zu erfassen, habe ich damals etwas vom „ganz anderen" wahrgenommen. Es war die Begegnung nicht nur mit einem Menschen, sondern mit einer anderen Dimension. Da war „der Sinn", der Sinn des Lebens, den ich als junger Mensch gesucht hatte und wo ich irgendwann aufgegeben hatte zu erwarten, ihn zu finden. Da war das Eigentliche des Lebens, das Etwas, nach dem der Mensch jagt – das, was die tiefste innere Leere in uns zu füllen vermag. Das war mir schlagartig klar. Da war Glaube – Glaube nicht als Weltanschauung, sondern Glaube als Beziehung, als Freundschaft zwischen Gott und dem Menschen, als tiefe Verbindung. Glaube als Vertrauen.

Die Begegnung mit dem Drogenabhängigen war ein massiver Einbruch in meine Existenz. Ich war in einem inneren Aufruhr. Da war das, was mein Inneres immer gesucht hatte. Und dann die Bewusstwerdung: Wenn es stimmen sollte, dass schon in diesem Leben eine Beziehung zu Gott, zu Jesus, dem Auferstandenen, möglich ist, dann wollte ich nicht erst abwarten, Ihm nach dem Tode zu begegnen. Es stand für mich fest: Wenn dieser Gott in diesem Leben erfahrbar sein sollte, werde ich nicht ruhen und rasten, bis ich Ihn gefunden habe. Und schlagartig war mir auch klar, dass mein Leben sich völlig verändern würde, wenn ich nicht nur an Gott als höheres Wesen glaube, sondern mit Ihm als Freund durch mein Leben gehe."

Soweit also der Originalton Jan Hermanns'; das war also die Begegnung, die sein Leben radikal veränderte. Ja, er ruhte und rastete tatsächlich nicht, bis er das gefunden hatte, was er suchte, die Begegnung mit Gott, die Begegnung mit Jesus Christus, den lebendigen Glauben.

Jan Hermanns begann danach, sich der Arbeit mit Drogenabhängigen zuzuwenden, gab seinen Beruf als Journalist auf und begann ein Studium der Sozialarbeit. Den Beruf des Sozialarbeiters übte er dann von 1976 bis 1983 in der Jugendstrafanstalt Ebrach aus. Hier ging er mit jungen Gefangenen und Drogenabhängigen neue Wege in Resozialisierungsprojekten. Er begann bereits hier, seine soziale Arbeit mit einer geistlichen Arbeit zu verbinden. Nach acht Jahren Drogenarbeit im Jugendgefängnis führte ihn sein Weg weiter in eine überregionale bundesweite Arbeit mit Gefangenen, Drogenabhängigen und anderen Menschen vom Rande. Im Jahr 1997 kam die Arbeit mit sexuell Missbrauchten hinzu.

Die Gruppen, die aus den Gefängnismissionen hervorgegangen waren, nannte Jan Hermanns „Emmaus-Gruppen". War „Emmaus" zunächst nur seine Sache, die Sache eines Einzelkämpfers, so stießen im Laufe der Zeit immer mehr Mitarbeiter hinzu, die den Dienst an den Armen und an den Menschen vom Rande als ihre Berufung ansahen. Ihr Auftrag war es und ist es bis heute, Gefangene, Drogenabhängige, sexuell Missbrauchte und Menschen vom Rande in eine Auseinandersetzung mit ihrem Leben, zur Aufarbeitung von Verletzungen und Schuld, zum Einlassen auf den Weg des Glaubens und der Liebe und zu einem Neubeginn aus der Kraft des Glaubens zu führen. Das geschieht durch soziale und geistliche Einsätze, Bildung von Gruppen innerhalb und außerhalb von Gefängnissen, geistliche Seminare und Treffen und durch Gemeinschaftsbildung.

„Emmaus" ist heute eine überregionale Bewegung und Gemeinschaft mit gemeindeähnlichen Strukturen. Nach Missionseinsätzen, die dem Aufbruch dienen, entstehen Gruppen, zum Beispiel in Gefängnissen oder im Bereich von Obdachlosen- oder Drogenarbeit, so wie die Betroffenen es benötigen. Es gibt Ehemalige, die in Gefängnisse oder Psychiatrien oder zur Drogenprophylaxe in Schulen gehen. Einige haben Lebensgemeinschaften aufgebaut, andere führen Treffen und Seminare durch.

Derzeit finden in 20 Gefängnissen Emmaus-Gruppen statt, in denen sich circa 100 Ehrenamtliche aus dem kirchlichen Bereich engagieren, überwiegend aus Gebetsgruppen, Orden und geistlichen Gemeinschaften.

Daneben arbeitet „Emmaus" mit Drogenabhängigen, Obdachlosen und Armen.

Die seit 1997 stattfindenden Seminare für sexuell Missbrauchte finden unter dem Namen „Quellwasser" statt. In diesen Seminaren werden vor allem die Verletzungen aufgearbeitet. Mittlerweile gibt es auch Opfer-Täter-Seminare. Die Quellwasser-Arbeit geht über die Randgruppenarbeit von „Emmaus" hinaus.

Seit etwa sieben Jahren besteht südlich von Berlin eine Lebensgemeinschaft für Menschen vom Rande, für Drogenabhängige, Obdachlose und Strafentlassene.

Darüber hinaus gibt es zwei Emmaus-Höfe, die als Selbsthilfegemeinschaft von ehemaligen Gefangenen gegründet worden sind.

Im Entstehen ist ein „Emmaus-Orden" als Gemeinschaft von Menschen, die den ehelosen Weg der Nachfolge Jesu gehen wollen.

Die Bewegung von „Emmaus" ist im Schoß der Katholischen Kirche entstanden, aber ökumenisch ausgerichtet. Neben katholischen Mitarbeitern hat „Emmaus" auch evangelische und evangelisch-freikirchliche Mitarbeiter. Die Gefangenen und Menschen aus Randgruppen gehören ohnehin allen kirchlichen Richtungen an. Die Liebe zu Jesus und die Liebe zu den Armen verbindet.

Jan Hermanns war immer ein Praktiker. Als Journalist lag es aber nahe, dass er seine Erfahrungen mit Institutionen, mit der beruflichen professionellen Sozialarbeit, mit der kirchlichen sozialen Arbeit, mit Caritasarbeit schriftlich niederlegte.

Neben der hier vorliegenden Arbeit existieren noch Manuskripte zur Drogenproblematik, zur Arbeit mit Strafgefangenen, zum sexuellen Missbrauch, die zu einem späteren Zeitpunkt veröffentlicht werden sollen.

Der hier vorliegende Band versucht, einen gewissen grundsätzlichen Hintergrund seiner Arbeit zu liefern.

Der Unterzeichner hat mit Jan Hermanns zahlreiche Gespräche zu diesen Themen geführt, unter anderem auch über dieses Buch. Manche Fragen, manche Themen hätten noch besprochen werden sollen. Dies ist nun nicht mehr möglich. Jan Hermanns ist am 02. Februar 2003 im Alter von 59 Jahren verstorben. Wir haben deshalb den Text mit ganz geringfügigen Änderungen, die der Lesbarkeit dienen, so belassen, wie ihn Jan Hermanns geschrieben hat.

Jan Hermanns schreibt in seiner Einführung zu diesem Buch, dass es sich bei den vorliegenden „Ansätzen für christliche Sozialarbeit" nicht um ein sozialwissenschaftliches oder theologisches Werk handelt. Die von ihm verwendeten Begriffe, Sozialarbeit, soziale Arbeit, kirchliche Arbeit, christliche Sozialarbeit werden manchmal als Synonyme verwendet; es entspricht der deskriptiven Anlage dieses Buches als Erfahrungsbericht, nicht von begrifflichen Definitionen auszugehen. Eventuelle Leserkritik in dieser Richtung ginge an dem Anliegen dieses Buches vorbei. Es war das Anliegen von Jan Hermanns, Menschen zum Leben zu führen; es war sein Anliegen, die fachliche, professionelle, caritative, soziale, christliche Arbeit mit den Hilfen des lebendigen, auferstandenen, handelnden Gottes zu verbinden.

Gelegentliche Wiederholungen und Variationen der gleichen Themen sind Stil dieses Buches und gewollt. Auch wird der Leser unschwer den Rede-Stil von Jan Hermanns bei der Lektüre des Buches erkennen.

Gebe Gott, es gäbe mehr Jan Hermanns in Kirche und Caritas. Im Übrigen: An den Früchten sollt ihr sie erkennen.

Die Früchte des Lebenswerkes von Jan Hermanns sind deutlich sichtbar. Sie sind zum Beispiel bei den jährlichen Pfingsttreffen in Fulda zu sehen und zu hören, wenn ehemalige Drogenabhängige, Süchtige, „Knackis", in Gesprächen oder im Gottesdienst in der Predigt bezeugen, dass sie langfristig kern-gesund geworden sind durch Gottes und „Emmaus"-Hilfe, durch die Sozialarbeit, durch die soziale Arbeit, die caritative Arbeit, die christliche Sozialarbeit, die Erfahrung des Glaubens, die ihnen durch die „Emmaus-Bewegung" geschenkt worden ist.

So verbleibt uns nur, Jan Hermanns für seine Arbeit, seinen Einsatz, seine tiefen geistlichen Einsichten, seinen Glauben zu danken. Wir danken ihm auch für die manchmal kritische Analyse und Beschreibung des inneren Zustandes von Kirche und Caritas.

Es ist ganz sicher im Sinne von Jan Hermanns, wenn wir den Lesern durch die Lektüre nicht nur einen Gewinn bei der Reflexion ihrer sozialen Arbeit wünschen, sondern auch eine persönliche Vertiefung ihrer Arbeit und ihres Glaubens.

Ganz besonderer Dank gilt Frau Eleonore Farnung und Frau Gaby Hohmann, die das Manuskript (nicht nur ein Mal) mit viel Verständnis für die Thematik in lesbare Form gebracht haben. Unser Dank gilt auch Frau Annemarie Hellmeister, die uns aus dem Nachlass von Frau Elisabeth Degen einen namhaften Betrag zur Verfügung gestellt hat, um dem Buch eine weite Verbreitung zu ermöglichen.

Gerhard Sündermann, Diözesan-Caritasdirektor

Vorwort

Bruder Jan hat volle Kanne geliebt" – diese Worte rief spontan ein ehemaliger Drogenabhängiger am 10. Februar 2003 vor dem offenen Grab des Gründers der Emmausbewegung aus. In diesem Jargon hat dieser durch das Leben Stigmatisierte das Geheimnis des charismatischen Sozialarbeiters vortrefflich beschrieben. Bruder Jan war in dem Jargon seiner Schützlinge zu Hause. Er hatte sich eingelebt in das Milieu der gestrauchelten und an den Rand der Gesellschaft gespülten Menschen.

Der berühmte „Penner-Heilige" Adam Chmielowski aus Krakau (+1916) hat einmal gesagt: „Will man einen wackeligen Tisch gerade richten, so nützt es nichts, wenn man ihn mit Gewichten beschwert, man muss sich bücken und ihn von unten reparieren. Ebenso ist es mit dem menschlichen Elend. Um die Unglücklichen zu retten, muss man sie nicht mit Vorwürfen überhäufen oder ihnen Moralpredigten halten, während man selbst satt und gut gekleidet ist: man muss sich bücken und noch tiefer hinabsteigen als sie selbst, man muss noch elender werden."

Diese Worte sind nichts anderes als angewandte Theologie. Sie beschreiben die Methode des „Menschheits-Fürsorgers" Jesus Christus; sie beschreiben aber auch die Art und Weise, wie Bruder Jan seine Berufung ausübte.

Bruder Jan hat keine Systematik der Sozialarbeit entworfen. Er hat seine Schützlinge einfach geliebt. Er ging ihnen nach wie ein guter Hirte. Ein ehemaliger Strafgefangener berichtete mir, dass er nach seiner Entlassung aus dem Gefängnis eine seelische Krise durchlitten habe. In dieser Zeit äußerster Einsamkeit, als er einen gefährlichen „Durchhänger" hatte, habe jemand an seine Türe geklopft. Als er öffnete, stand Bruder Jan vor ihm. Später erfuhr er, dass Bruder Jan einem inneren Impuls gefolgt war: „... Ich hatte plötzlich das Gespür, Du brauchtest mich!" So hatte er den weiten Weg zu diesem jungen Mann genommen, ihn aufgerichtet, sogar eine Nacht bei ihm verbracht und war am nächsten Tag weitergefahren. Diese Begegnung war für den Unglücklichen eine tief empfundene Gotteserfahrung.

Wenn im vorliegenden Buch Gedanken von Bruder Jan zur christlichen Sozialarbeit vorgelegt werden, so handelt es sich hier um eine kostbare

Hinterlassenschaft. Nicht wissenschaftliche Exaktheit, sondern der „heiße Atem“ der Menschenfreundlichkeit Gottes berührt den Leser. Das Buch ist mehr Lebenszeugnis als Systematik, Wort für Wort durchlebt und durchlitten. Mutter Teresa sagte einmal: „Ohne unser Leiden wäre unser Werk zwar ein sehr gutes und nützliches, aber nur Sozialarbeit und nicht das Werk Jesu Christi. Es hätte keinen Anteil an seiner Erlösung.“

In einem Nachruf schreibt ein ehemaliger Gefangener: „Wenn du mein Vater gewesen wärst … Dieser Satz kam mir einmal über die Lippen, als mich Bruder Jan wieder einmal in die Arme nahm, meinen Kopf in seinen Händen hielt und mich mit seinem durchdringenden Blick ansah …“

Dieser „durchdringende Blick“ ist das Geheimnis des vorliegenden Buches.

Winfried Abel, Pfarrer

Vorwort

Vor 15 Jahren bekam ich während einer Gefängnis-Mission in der Justizvollzugsanstalt Geldern-Pont zum ersten Mal Kontakt zu unserem Bruder Jan. Bis heute besteht dort – wie in vielen anderen Gefängnissen Deutschlands – die religiöse Emmaus-Gruppe.
Ich durfte Bruder Jan als einen Menschen kennen lernen, der die Liebe lebte. Er war von JESUS besonders zu den Ausgestoßenen und am Rande der Gesellschaft Lebenden gesandt. Bruder Jan vermittelte ihnen, dass sie einzig und kostbar sind und versuchte, ihnen ihre Würde wiederzugeben. So fühlten sie sich von ihm ganz angenommen und geliebt, denn Jan hatte unter ihrem ‚Geröll' den Reichtum ihrer Persönlichkeit entdeckt. Er nahm sie an, so wie sie waren, und versuchte ihnen die Liebe zu geben, die sie so oft in ihrem Leben vermisst hatten. Auch konnte er ihnen im Laufe der Zeit vermitteln, dass die Sucht meist die Suche nach Liebe und dem Sinn des Lebens ist – letztendlich die Suche nach GOTT.
So hatte Bruder Jan nach meinen Beobachtungen für jeden, der in Not geraten war, ein offenes Ohr und suchte gemeinsam mit ihm nach Lösungen. Bruder Jan vergaß niemanden, dem er einmal begegnet war. Wurde es notwendig, konnte er aber auch durchaus ein klares Wort sprechen.
Das Schicksal aller Menschen, denen er begegnete, berührte ihn.
Dies wird vielleicht auch in dem Lied deutlich, das er selbst getextet hat (Anhang). Danke, lieber Jan, für all' Deine Liebe.

Wilma Bongartz, Emmaus-Gemeinschaft

Einführung

Bei den vorliegenden „Ansätzen für christliche Sozialarbeit“ handelt es sich weder um ein sozialwissenschaftliches noch um ein theologisches Werk, sondern um die Arbeit eines Praktikers, der diese Ansätze aus seinen Erfahrungen aus dem Glauben und im Umgang mit Menschen in Not entwickelt hat. Ein gleichermaßen stattgefundenes Neuentdecken des Glaubens und des Zugangs zu Menschen, insbesondere zu Menschen vom Rande, hat die Inspiration dazu gegeben, soziale Arbeit aus dem Glauben zu leisten und auch die Reichtümer des Glaubens für die verletzten und heilungsbedürftigen Menschen fruchtbar zu machen. Glaube und Sozialarbeit sollen nicht nebeneinander stehen wie das Alltagsleben und die Sonntagsmesse, sondern eins werden: zur sozialen Arbeit aus dem Glauben für alle, die als Helfer, in welchen Berufen auch immer, den Menschen dienen. Insbesondere ist diese Arbeit ein Entwurf für christliche Sozialarbeit. Sie ist eine Anleitung zum Handeln durch jemanden, der nicht nur theoretisiert, sondern es auch ausprobiert hat. Die „Ansätze christlicher Sozialarbeit“ stellen eine Herausforderung für alle sozialen Dienste in der Kirche dar, aber auch für die Seelsorge. Sie sind entwickelt worden von einem Sozialarbeiter, der selbst spirituelle wie soziale Anstöße zentral Menschen vom Rande verdankt.

1. Ganzheitliche Sozialarbeit

Leib – Psyche – Seele

Der Mensch hat nicht nur Bedürfnisse seines Leibes, sondern auch Bedürfnisse seiner Psyche und Bedürfnisse seiner Seele. Er braucht nicht nur materielle Hilfe, sondern auch menschliche und geistliche Hilfe.

Der Mensch hat nicht nur einen Magen, der hungrig ist, sondern auch ein Herz, das Hunger hat nach Liebe, und eine Seele, die nach Gott verlangt, wie es im Psalm heißt:

> „Wie der Hirsch lechzt nach dem Wasser, so verlangt, oh Gott, meine Seele nach Dir“ – (Psalm 42,2).

„Suppe, Seife, Seelenheil“ – so werden die drei „S“ der Heilsarmee definiert. Es geht nicht nur um Suppe und Seife. Der Mensch in Not braucht auch menschliche Zuwendung und die ruhelose Seele des Menschen unserer Tage sucht nach dem lebendigen Gott.

„Die Zeit wird kommen, in der die Menschen nicht Hunger und Durst haben nach Brot und Wasser, sondern nach dem Worte, das aus dem Munde Gottes kommt“, heißt es in der Schrift. Wir leben in dieser Zeit.

Die materielle Hilfe für Obdachlose und andere Arme und Notleidende ist zweifellos ein wichtiger Dienst der kirchlichen Sozialarbeit. Doch materielle Hilfe ist nicht alles. Die Menschen, die innerlich sehr verletzt sind, brauchen auch Heilung ihrer Psyche und Hilfestellung nach vielen Enttäuschungen, um wieder Vertrauen zu fassen, Vertrauen zum Leben, zu den Menschen, zu sich selbst und auch zu Gott.

Doch der Mensch hat nicht nur eine Psyche, ein verwundetes „Herz“, wie wir es formulieren, das der Heilung bedarf. Der Mensch hat auch eine Seele, eine unsterbliche Seele, die von Gott kommt und zu Ihm strebt. „Unruhig ist meine Seele, bis sie ruhet in Dir“, sagt Augustinus. Die tiefste existentielle Suche des Menschen kommt erst an ihr Ziel, wenn die Seele zu Gott findet. Das ist eine Wirklichkeit, die den Kindern dieser Welt nicht zugänglich ist. Sie ist und bleibt eine Wirklichkeit, auch wenn die Menschen unserer Tage sie nicht wahrnehmen und erkennen, ja verleugnen.

Neben den materiellen und menschlichen Bedürfnissen müssen wir auch den Bedürfnissen der Seele Rechnung tragen. Wer sonst, wenn nicht die

Christen, kann den Menschen, die einen spirituellen Hunger haben, zu der Nahrung verhelfen. Wer sonst, wenn nicht jene, die diese Nahrung gefunden haben. Wir brauchen nicht zu klagen, wenn die Menschen sich in Esoterik oder Okkultismus verirren, Bewusstseinserweiterung durch Drogen suchen oder auf irgendwelche Gurus und sonstige Heilsbringer hereinfallen, wenn wir ihren spirituellen Hunger nicht stillen.

Christliche Sozialarbeit ist nicht ganzheitlich, wenn sie die spirituelle Dimension ausklammert. Wir geben den Menschen Brot zu essen und reichen ihnen vielleicht auch noch das Brot der Liebe. Doch das Brot des Lebens geben wir ihnen nicht. Wir lassen sie geistlich verhungern.

Ganzheitliche Pädagogik, ganzheitliche Sozialarbeit; wir gebrauchen diese Worte gern, doch was bedeuten diese Begriffe, was steckt dahinter? Sind Pädagogik, sind Sozialarbeit heute wirklich ganzheitlich? Wenn wir genauer hinschauen, dann entdecken wir, dass der geistliche Bereich weitgehend ausgeklammert wird, selbst innerhalb der kirchlichen Sozialarbeit. Es ist tabuisiert, den Glauben in die soziale Arbeit mit einzubeziehen.

Es wird kaum wahrgenommen, wie wichtig der Glaube auch im Prozess der Hilfe für die Menschen ist, und welche große Bedeutung der Glaube auch für den Helfer hat; dass er eine Kraftquelle ist, aus der viele Menschen zehren dürfen, die anderen dienen und die ohne diese Quelle oft ausgebrannt sind und an dem Dienst scheitern.

Ganzheitliche Sozialarbeit darf den spirituellen Bereich nicht ausklammern. Gerade in der Kirche nicht. Wenn wir den Glauben nicht in unsere soziale Arbeit einbeziehen, enthalten wir den Menschen das Wertvollste, das wir als Kirche anzubieten haben, vor. Haben wir vergessen, dass das Geschehen Gottes mit Jesus Christus ein Heilungsgeschehen war? Viele Menschen haben durch Jesus Heilung erfahren. Der Glaube ist Quelle der Heilung und Quelle des Heiles. Auch heute.

Können wir uns begnügen mit den Schätzen, die die Fachwissenschaften anzubieten haben, und dabei gleichzeitig die Reichtümer unseres Glaubens übersehen? Sind wir als Kirche nicht ganz besonders gefragt, den Menschen die Quellen des Glaubens aufzuschließen – den Menschen, die offen dafür sind – und ihnen auch geistliche Hilfe zu gewähren? Ganzheitliche Sozialarbeit hat eine geistliche Seite. Sie ist ohne den Glauben nicht möglich.

Die Bedeutung der Beziehung

Für uns Menschen sind Beziehungen wichtig. Beziehungen zum anderen Menschen, Beziehungen zu Gott, Beziehungen jedoch auch zu uns selber. „Liebe Gott und deinen Nächsten wie dich selbst aus ganzem Herzen, aus ganzer Seele und aus ganzem Gemüt.“ In diesem ersten Gebot, wie es Jesus genannt hat, kommt alles zusammen. Wir brauchen diese dreifache Liebe. Die Liebe zum Menschen, die Liebe zu Gott und auch die Liebe zu uns selber.

Die Störungen in Beziehungen bringen Störungen in unserem Leben. Der Mensch, der sich nicht mehr vom Menschen geliebt weiß, wird auch ganz schwer sich selber lieben können. Unsere Selbstannahme hängt auch mit der Annahme durch andere Menschen zusammen. Wenn andere uns signalisieren, dass sie uns gern haben, dann entsteht dieses innere Wissen, die innere Gewissheit, dass wir gewollt sind, und dass unser Leben lebenswert ist. Eine Gewissheit, die verloren geht, wenn diese Verbindung zu den anderen Menschen zerbrochen wird.

Deswegen geraten einsame Menschen, vereinsamte Menschen, sehr häufig in eine tiefe Sinnkrise ihres Lebens. „Ich“ und „Du“ hängen ganz eng zusammen. Mein Ich braucht die Bestätigung durch das Du. Auch durch das Du Gottes, wenngleich wir diese Realität weitgehend verdrängt haben. Menschen, die ganz verzweifelt sind, Süchtige, die sich in einer ausweglosen Lage befinden, gelangen oft ganz neu zu einer Beziehung zu Gott.

Menschliche Armut und geistlicher Reichtum

Wir sind voreilig, wenn wir das schnell damit abtun, dass sie sich eine Antwort einsuggerieren würden. Das kann es sein, aber das muss es nicht sein. Es kann vielmehr so sein, dass wir, die wir in gesunden, fruchtbaren Beziehungen leben, die Reichen sind, denen das Himmelreich nicht aufgeht. Weil wir reich an Menschen sind, können wir auch arm an Gott sein. Wir können in unserer Blindheit, aufgrund unseres Reichtums – sei es materieller, sei es menschlicher Reichtum – den Sinn für das Eigentliche des Lebens, für das Ewige, verlieren. Von daher kann der menschlich Arme dahinterkommen, dass es Gott gibt, während der menschlich Reiche diese Wahrnehmung nicht macht. Der, dem alles menschlich genommen wurde, kann erspüren, dass es

noch eine andere geistliche Wirklichkeit gibt was dem Satten, auch dem menschlich Satten, vorenthalten bleibt.
Der Süchtige, der vor dem Zusammenbruch in seiner Verzweiflung nach Gott schreit, kann eine Gotteserfahrung machen. Er kann sich in die Liebe Gottes hineingenommen wissen und diese Liebe kann tragend für sein Leben werden. Wer weiß, dass Gott ihn liebt, der weiß, dass er geliebt ist, auch wenn ihm diese Liebe nicht durch Menschen zuteil wird. Er erfährt, dass sein Leben etwas lebenswertes ist. Wie sollte sein Leben sinnlos sein, wenn sich der lebendige Gott diesem Leben zuwendet? Ich muss etwas wert sein, wenn ich Gott etwas wert bin.

Heilung durch das Du Gottes

Der Mensch, dem Gott sich zuwendet, erfährt wieder die Würde seines Menschseins. So wie der Mensch, der von anderen Menschen geliebt wird, wieder weiß: „Ich bin wer, ich bin wertvoll", so weiß es auch der Mensch, der neu in die Liebe Gottes hineingenommen wird.
Die Beziehung zum Du – sei es zum Du Gottes, sei es zum Du des Menschen – ist der Schlüssel für unsere Beziehung zum eigenen Ich. Das Ich findet eine Bestätigung, eine Wertschätzung, durch das Du. Wir alle sind auf das Du angewiesen.
Ganzheitliche Sozialarbeit heißt Sozialarbeit, die gerade auf die Beziehungsnot in unserer Zeit antwortet. Sozialarbeit, die das Ich stärken will, fördert die Beziehung zum Du und auch die Beziehung zum Du Gottes, zum lebendigen Gott, sie erkennt, dass der Mensch, der wieder verankert ist in Gott, auch ganz neu im Leben verankert ist.

Wurzelbehandlung

Es geht um Heilung unserer Wurzeln. Wir haben unsere Wurzeln im Menschen, in unseren Eltern, und wir haben unsere Wurzeln in Gott. Wir erfahren, wenn die Verbindung zu unseren Wurzeln gestört ist, ist auch die Verbindung zu den Zweigen gestört (zu den Menschen, zur Umgebung). Wenn die Verbindung zu unseren Wurzeln lebt, dann ist auch die Verbindung zu der Umwelt erneuert und lebendig.
Wir dürfen nicht verengt sehen, als wären allein Menschen unsere Wurzeln. Gerade wir Christen dürfen neu entdecken, dass die eigentliche

Wurzel Gott ist. Der Mensch, der in Gott Verankerung hat, findet auch wieder Halt in seinem Leben.
Christliche Sozialarbeit darf diesen Aspekt des Glaubens nicht auslassen. Es ist kein ideologischer Aspekt, es ist ein Seins-Aspekt. Wir dürfen die Bedeutung der Wichtigkeit der Verbindung des Menschen mit Gott, seinem Schöpfer, nicht übersehen. Und es ist wichtig, dass wir dieser Verbindung dienen.
Noch ein wichtiger Aspekt in diesen Zusammenhängen ist die Frage der geistlichen Berufungen. Wenn sie nicht frei werden, können die Betroffenen im Leben scheitern.

Heilung durch Berufung

Es gibt Menschen, die geistlich berufen sind; das wissen wir. Und wir wissen auch, dass in unserer Zeit weniger Menschen als zu anderen Zeiten eine geistliche Berufung leben. Ist das ein Zeichen dafür, dass Gott unserer Zeit weniger geistliche Berufungen schenkt oder nicht vielmehr ein Zeichen dafür, dass weniger Berufungen frei werden aufgrund der geistlichen Armut unserer Zeit?
Was aber wird aus den geistlichen Berufungen, die nicht freigeworden sind? Ich habe eine Reihe dieser Berufungen im Gefängnis und in der Szene wieder angetroffen. Es waren Berufungen, die ins Gegenteil verkehrt worden sind.
Ich habe Gewalttäter getroffen, die sich völlig verändert haben, als sie Liebe erfuhren und die entdeckten, dass in ihnen ein Verlangen ist, andere Menschen zu lieben. Ich bin Kriminellen begegnet, die Reichtümer angehäuft haben, und die mir in einem stillen Moment eingestanden haben, dass ganz in ihrem Innern ein Wunsch ist, ein Leben in Armut wie Franziskus zu führen.
Diese Gegensätze sind in uns. Und oft entscheiden Umstände, Schicksale, ungelöste Lebensfragen, was in uns frei wird. Wir sollten das wissen, wenn wir Menschen in ihren Lebenslagen helfen wollen. Wir werden einem Drogenabhängigen oder einer Prostituierten oder einem Kriminellen, in dem eine verdrängte und gescheiterte geistliche Berufung ist, mit allen materiellen oder psychischen Hilfen nicht beistehen können, wenn wir nicht auch das Problem seines Lebens mit angehen. Der Mensch, der einen Ruf von Gott hat, findet aus seiner Lebenskrise nur heraus, wenn dieser Ruf frei wird, wenn er sich von neuem dem leben-

digen Gott zuwendet, und wenn die verschüttete Begabung, anderen Menschen zu dienen, (neu) in ihm zur Entfaltung kommt. Wer eine Berufung hat, der wird erst zur Ruhe kommen, zur inneren Ruhe gelangen, wenn dieser ursprüngliche geistliche Ruf in ihm frei wird.
Alle unsere guten menschlichen Worte, alle unsere Aufarbeitung von Lebensgeschichte, werden das Eigentliche seines Lebens nicht erfassen. Er wird erfahren, dass keine Hilfe richtig greift, weil die eigentliche Hilfe ausbleibt.

Die geistliche Nahrung

Ganzheitliche Sozialarbeit ist nur möglich, wenn wir allen Bereichen des Menschen Aufmerksamkeit und Zuwendung schenken. Wir versäumen etwas, wenn wir weiterhin den geistlichen, den spirituellen Bereich ausklammern, als wäre er für das Leben und für das Heil und Wohlbefinden des Menschen nicht wichtig.
Wir sollten wach sein. Wenn der Hungrige Hilfe braucht, dann werden wir ihm ein Brot reichen, dann werden wir ihn nicht mit sozialen Reden abspeisen und auch nicht mit Gebeten und frommen Worten. Wenn ein Mensch durch andere Menschen verletzt worden ist, dann werden wir ihm nicht helfen, indem wir ihm einfach ein paar Mark in die Tasche stecken, weil er nach außen hin arm ist. Dann wird es wichtig sein, dass dieser Mensch sich in der Begegnung mit uns aussprechen kann.
Und wenn der Mensch – die Seele des Menschen – nach Gott verlangt, dann wird keine Problembewältigung reichen. Dann wird es wichtig sein, dass wir uns dem Hunger seiner Seele zuwenden und dass wir seiner Seele helfen, wieder den Zugang zum lebendigen Gott zu finden. Gar wenn der Mensch eine geistliche Berufung hat, dann werden wir ihm nur helfen können, wenn wir ihn zurückführen zu dem, der ihn gerufen hat, und ihm beistehen beim Herausfinden dessen, wozu er berufen ist, wonach sein Inneres verlangt. Nehmen wir den Menschen ernst, stülpen wir ihm nichts über, weder geistlich noch menschlich noch caritativ. Doch würgen wir auch nichts ab, was der Mensch braucht. Schauen wir danach, was der Mensch benötigt, der uns anvertraut ist.

Die Heilkräfte des Glaubens

Der christliche Glaube hat Heilkräfte. Um das festzustellen, brauchen wir nicht in die Hl. Schrift zu schauen, auf das Wirken Jesu und die Heilungen, die durch ihn geschehen sind. Wir können es erleben, auch in unserer Zeit. Wir können die Heilkräfte des Glaubens entdecken, wenn wir unsere inneren Augen dafür öffnen und unsere Sinne schärfen, um das wahrzunehmen. Heilungen zum Beispiel durch Gebet. Ich bin vielen Menschen begegnet, die mir bestätigt haben, wie das Gebet sich heilend für sie ausgewirkt hat: wie sie Ruhe finden durch das Gebet; dass wieder Sinn in ihrem Leben einkehrt, wenn sie sich an Gott gewandt haben; dass Gott ihnen hilft, auch die schwierigen Zeiten in ihrem Leben durchzustehen, gerade die Zeiten der Vereinsamung.

Wir dürfen das nicht abtun, als müssten da in jedem Fall Verdrängungsmechanismen eine Rolle spielen. Wenn wir davon ausgehen, dass der Gott, von dem wir sprechen, ein lebendiger Gott ist, und dass zu diesem Gott Beziehung möglich ist, dann können wir auch daraus folgern, dass die Beziehungen zu diesem Gott heilende Beziehungen sind. Heilung sicher auch durch menschliche und geistliche Gemeinschaft. Die Gemeinschaft von Menschen wird anders, wenn der lebendige Gott gegenwärtig ist. Menschen erfahren diese andere Wirklichkeit, wenn die Antennen geistlich ausgefahren sind.

Wer weiß, dass das Leben des Menschen von Gott kommt, der weiß, dass die Grundgeborgenheit des Menschen auch in Gott zu finden ist. Der Mensch, der seinen Ursprung wieder findet, findet sich selber in neuer Weise. Wer wieder lieben kann, weil er sich von Gott geliebt weiß, hat einen neuen Stand in seinem Leben. Dies alles wird nur verstehen, wer nicht von Gott als eine weltanschauliche Hypothese ausgeht, sondern Gott als Wirklichkeit ansieht für sein Leben, und wer daran glaubt, dass er in Verbindung zu diesem Gott stehen kann. Diese Verbindung strahlt auf alle Lebensbereiche aus. Wie können wir als Christen auf diese Verbindung verzichten? Wie können wir den Menschen, die in Not sind, die Möglichkeit der Veränderung ihrer Not, der Linderung ihrer Not durch die Verbindung zum lebendigen Gott vorenthalten?

Die Erfüllung des Lebens

Ganzheitliche Sozialarbeit darf den Bereich des Glaubens nicht ausklammern. Zur ganzheitlichen Sozialarbeit gehört der lebendige Gott. Wenn es stimmt, dass Gott einen Plan für die Menschen hat, dass es so etwas wie geistliche Berufungen gibt – wenn all das zutrifft und wir wissen dies aus eigener Erfahrung – dann ist es für das Wohlergehen des Menschen von entscheidender Bedeutung, dass er seinen Stand, seinen Grund neu in Gott findet und mit Gott auf dem Weg ist und auch, dass seine Berufung, sein Weg mit Gott frei wird. Das gilt nicht nur für jene, die im engeren Sinn eine geistliche Berufung haben. Das gilt für uns alle. Jeder Mensch hat eine Berufung von Gott, auch der Handwerker, der Familienvater, die Mutter.

Wenn wir unsere Berufung finden – am ehesten finden wir sie in der Verbindung mit Gott – dann wird unser Leben erfüllter sein, als wenn wir ohne Freisetzung unsere Berufung leben. Viele Menschen fühlen diesen Mangel. Sie empfinden, dass sie das Eigentliche ihres Lebens nicht gefunden haben. Auch das ist eine große Not und wir tun gut daran, auch dieser Not unsere Aufmerksamkeit zu schenken. Der Mensch, der mit Gott lebt – das behaupte ich – ist seinem Weg näher als der Mensch, der ohne Gott lebt. Gott kann uns die eigentlichen Wege tiefer, vollendeter führen wie jeder andere Mensch oder wie wir uns selber. Wir brauchen Gott, der uns auf das Eigentliche unseres Lebens aufmerksam macht.

Sammelt nicht Schätze auf Erden, wo Rost und Motten sie zerstören, sondern Schätze im Himmel. Sammelt die ewigen Schätze, das Eigentliche, die Schätze der Liebe. Wo dein Schatz ist, ist dein Herz. Wir werden vielen Menschen nur helfen können, wenn wir sie auch an das Eigentliche des Lebens führen. Wenn sie in ihren Egoismen und Blindheiten bleiben, werden sie auch in ihrer Verlorenheit oder Verlogenheit bleiben. Die Antworten des Glaubens sind auch Antworten für das Leben, Antworten, die wir den Menschen, die uns anvertraut sind, nicht vorenthalten dürfen.

Auftrag von Kirche und Caritas

Ganzheitliche Sozialarbeit ist ein Auftrag für die Kirche, auch für Caritas und Diakonie. Wer soll diesen ganzheitlichen Ansatz leisten, wenn nicht die Kirche, wenn nicht die kirchlichen Wohlfahrtsverbände? Wer kann den Bereich der Seele, der für den Menschen eminent wichtig ist, abdecken, wenn nicht die Christen? Seelsorge und Caritas sollten im gemeinsamen Ringen und Mühen um den Menschen dienen. Kirche und Caritas dürfen den Menschen nicht das Brot des Lebens vorenthalten.

Kirche und Caritas dürfen sich nicht damit begnügen, den Armen die Nahrung aus der Suppenküche zu reichen und auch nicht damit, den Verletzten psychologische und menschliche Hilfen zu geben. Kirche und Caritas sind gerufen, den Menschen auch die Nahrung für die Seele zu geben.

Wir dürfen unsere Augen nicht länger davor verschließen, dass viele Not in der Gottlosigkeit, in der geistlichen Armut unserer Zeit, ihre Ursache hat. Wir wissen, dass Drogenabhängigkeit im Zusammenhang steht mit seelischer Vereinsamung. Uns ist bekannt, dass viele Drogenabhängige spirituell suchende Menschen sind. In die Fänge von Sekten geraten diese nicht selten, weil sie dort einen Heilsweg für sich suchen. Der ganze Esoterikmarkt ist ein Hinweis auf das spirituelle Verlangen der Menschen unserer Zeit. Ein Verlangen, auf das wir als Kirche zu wenig Antwort geben, zu wenig existentielle Antwort.

Das Brot des Lebens will erfahrbar sein für die Menschen. Es genügt ihnen nicht die Theorie vom Brot. Noch so gute Theologie reicht nicht aus. Der Mensch hungert nach der Erfahrung, nach der Begegnung mit Gott. Wir dürfen sie nicht abspeisen mit Lehre, wenn die Menschen Hunger haben nach Leben. Wir sind gerufen, sie in das Leben, das von Gott durch Jesus Christus gestiftet worden ist, hineinzunehmen. Es ist Leben, wirkliches Leben. Sie suchen die ursprüngliche Glaubenserfahrung. Das was wir ihnen reichen, gleicht manchmal dem 26. Aufguss eines Teebeutels. Sie verlangen aber nach dem Originalgeschmack.

Dort wo arme Menschen am Rande das Brot des Lebens gereicht bekommen – nicht eine Theorie vom Brot – da brechen sie mit Gott auf, da wird die Nahrung ihrer Seele zuteil, da wird ihr innerer Hunger gestillt. Dann brauchen sie keinen Ersatz mehr, weder in Drogen noch in Sektiererei noch in Esoterik, ganz zu schweigen von Spiritismus und Okkultismus.

Der Hunger nach Gott ist da in unserer Zeit. Kirche und Caritas können es sich nicht leisten, nur die soziale Hilfe zu geben, die auch die Welt gibt (die auch die anderen Wohlfahrtsverbände geben). Kirche und Caritas sind gerufen, den Menschen auch die Hilfen aus dem Glauben anzubieten – die Hilfen, die nur Christen geben können, die nur diejenigen geben können, die an Gott glauben und in Verbindung zu Gott stehen.

Kirche, Caritas und Diakonie sind zur Umkehr aufgerufen. Sie sind aufgerufen, das Eigentliche zu geben, das Eigentliche, was sie zu geben haben. Was würden wir zu den Gewerkschaften sagen, wenn sie alle möglichen Aktivitäten entfalten würden, die auch andere entfalten, aber nicht mehr ihren Auftrag für die Arbeitnehmer?

2. Jesu Umgang mit den Randgruppen

Bevor wir uns mit der Frage auseinandersetzen, wie christliche Sozialarbeit in unserer Zeit aussehen kann – und wie wir soziale Arbeit aus dem Glauben praktizieren können – wollen wir uns Jesus selber anschauen, seinen Umgang mit den Randgruppen. Wie ist Jesus mit den Armen umgegangen, mit den Außenseitern der damaligen Gesellschaft? Sein Verhalten und seine Handlungen können uns wichtige Hinweise geben für unser Verhalten in der sozialen Arbeit.
Der Umgang Jesu mit den Armen war ein liebender Umgang. Allen ist er mit Liebe begegnet; den Armen, den Aussätzigen, den Blinden und Lahmen, ja sogar den Verbrechern und den Kriminellen, den Sündern. Wir kennen verschiedene Gruppen der Armen, denen sich Jesus zugewandt hat: die Menschen, die krank und behindert waren, die Notleidenden und Verzweifelten. Auch zu Sündern, Ausgestoßenen und Aussätzigen der damaligen Zeit ist Jesus gekommen, um ihnen seine Liebe zu bringen und sie in die Liebe des Vaters hineinzunehmen.

Verbindung zu Gott und den Menschen

Jesus ist ganz Mensch und ganz Gott. Er wendet sich den Nöten seiner Zeitgenossen zu. Gleichzeitig verweist er immer wieder auf den Vater. Seine Botschaft ist nicht allein eine innerweltliche Botschaft. Er führt hin zum Ewigen Leben. Er ist einerseits ganz da für die Menschen, die Ihn brauchen, und doch auch immer wieder verbunden mit dem Vater, zu dem er die Menschen führen will.
Die Liebe zu den Menschen und die Liebe zum Vater, sie sind bei Jesus eins, es ist eine Liebe. Wir können nicht trennen zwischen menschlich und geistlich! Menschlich und geistlich sind eins. Alles Handeln Jesus ist Liebe und gleichzeitig Hingabe zum Vater, Auslieferung an den Vater, die Sehnsucht, alle zum Vater im Himmel zu führen.
Man kann nirgendwo bei Jesus einen Gegensatz zwischen Glaube und Liebe herausfinden. Glaube und Liebe sind bei Ihm eins. Sie gehören zusammen. Werktags ist das Leben nicht menschlich/weltlich und sonntags geistlich/kirchlich. Das Leben Jesu ist ein Leben mit dem Vater und ein Leben der Hingabe zu den Menschen.

Der barmherzige Samariter

Jesus gebraucht Bilder für den Umgang, den er uns mit den Menschen empfiehlt, eines dieser bedeutsamsten Bilder ist das Bild vom barmherzigen Samariter. Da fällt ein Mann unter die Räuber, wird ausgeplündert und bleibt verletzt liegen. Ein Priester und ein Levit gehen an ihm vorbei. Sie haben keine Zeit. Sie lassen den Armen liegen. Sie haben wichtigeres zu tun, ihre Erledigungen drängen. Sie erfüllen ihre Pflichten. Positiv betrachtet sind sie ordentliche Leute. Nichts kann sie davon abhalten, ihre Erledigungen pünktlich und rechtzeitig zu verrichten. Sie halten ihre Termine ein und da kann sie auch der Mensch, der da verletzt am Wegesrand liegt, nicht davon abhalten.
Dann kommt dieser Samariter – ein Mensch, der gar nicht so gläubig war, mehr ein Fernstehender – und erbarmt sich des Kranken und Verletzten. Er verbindet seine Wunden und bringt ihn in die nächste Gastwirtschaft und hinterlässt dort Geld, damit er gesund gepflegt werden kann, bis er allein weiterzureisen vermag.
Wer war ihm der Nächste, fragt Jesus die Umherstehenden? Und auch die, die ihm kritische Fragen gestellt haben, gestehen ein: Der, der ihm Barmherzigkeit erwiesen hat. Das ist der Weg Jesu. Das sagt er uns durch den barmherzigen Samariter. Wir sind den Menschen am nächsten, wenn wir ihnen Barmherzigkeit erweisen.

Christus im geringsten Bruder

Wie ernst Jesus das meint, sagt er an anderen Stellen, wenn er davon spricht: Was ihr dem Geringsten meiner Brüder getan habt, das habt ihr mir getan. Alles, was ihr dem Geringsten meiner Brüder nicht getan habt, das habt ihr mir nicht getan. Ich war krank, und ihr habt mich gepflegt. Ich war gefangen, und ihr habt mich besucht. Ich war obdachlos, und ihr habt mich aufgenommen. Ich war nackt, und ihr habt mich bekleidet. Wahrlich, was ihr dem Geringsten meiner Brüder getan habt, das habt ihr mir getan.
Wir sollen barmherzig sein, sagt Jesus. Die Barmherzigkeit steht über allem, auch über der Gerechtigkeit. Jesus fragt nicht, ob der andere Sünder ist oder Gerechter. Allen schenkt er seine Liebe, und alle lädt er ein, seine Liebe weiterzugeben. Die Liebe ist wichtiger als alles andere. Die Barmherzigkeit ist wichtiger als die treue Pflichterfüllung. Jesus

ruft uns auf, ganz wach zu sein. Wach zu sein, wenn er im Armen, im Notleidenden, uns gegenübersteht.
Er will ein dynamisches Menschsein. Ein Menschsein, das lebendig ist, nicht starr. Er will, dass wir in jeder Lebenslage bereit sind, unsere Liebe zu verschenken; und dass die Liebe wichtiger ist als alle unsere Pläne, als alle Gesetzlichkeit. Zuerst die Liebe. Das ist die Botschaft Jesu, die er uns durch den barmherzigen Samariter sagt.

Der verlorene Sohn

Ein weiteres Bild, das uns allen geläufig ist, ist das Gleichnis vom verlorenen Sohn. Da lässt ein Sohn, ein ungehorsamer Sohn, sich das Erbteil auszahlen, um es zu verludern. Sein Vater gibt ihm das Geld, obwohl er weiß oder spürt, dass er es verspielen wird. Er überlässt ihm das Erbe, obwohl er kein Vertrauen zu ihm hat, dass er recht mit dem Geld umgeht. Der Sohn geht in die Fremde und verjubelt das ganze Geld, bis er am Ende nichts mehr hat und nicht einmal mehr sich selbst ernähren kann. Er verdingt sich als Schweinehirt und weiß erst jetzt im Abstand, was er im Hause seines Vaters gehabt hat.
Er kämpft mit sich. Er ringt. Er schämt sich heimzugehen. Er hat sogar Angst, er könnte abgewiesen werden. Aber im Innern spürt er, dass der Vater gut ist, und so wagt er es, heimzukehren. Uns wird von Jesus berichtet, dass der Vater schon aus der Ferne seinen Sohn, in Lumpen, kommen sah, und dass er ihm entgegeneilte und ihn in seinen Arm nahm und jubelte: Mein Sohn, der verloren war, ist wiedergefunden worden. Er hat ein großes Festmahl halten lassen. Jenes Festmahl, von dem Jesus uns gesagt hat, dass es im Himmel bei der Heimkehr jedes Sünders gefeiert wird.
Der Vater gibt Freiheit, auch Freiheit zur Sünde. Er lässt den Sohn, der krumme Wege geht, los. Er lässt ihn in die Fremde ziehen, auch ins Verderben. Und er leidet sichtlich mit dem Sohn, weil er ihn unverändert liebt. Diese Liebe des Vaters wartet auf den Sohn. Sie wartet darauf, dass der Sohn wieder heimkehrt, dass er ihn aufnehmen darf. Als der Sohn dann endlich kommt, wird er festlich empfangen. Die Freude des Vaters über seine Heimkehr ist größer als seine Empörung über seine Schuld. Er wirft ihm nichts vor, sondern er nimmt ihn auf. Er birgt ihn neu in seiner väterlichen Liebe.
Der andere Sohn neidet es seinem Bruder. Er beklagt sich beim Vater, dass für ihn noch nie ein Festmahl gehalten wurde. Der aber weist ihn

zurecht und sagt ihm, dass alles, was er – der Vater – hat, auch ihm gehört, und dass er sich freuen soll darüber, dass sein Bruder wieder lebt. Sein Bruder, der schon tot war, dass er wieder lebendig ist.
Was wir vom Vater des verlorenen Sohnes lernen können, ist die vorauseilende Liebe. Seine Liebe war so groß, dass sie den Sohn selbst in der Entfernung noch erreicht hat. Menschen spüren, ob andere mit ihnen versöhnt sind. Der verlorene Sohn hat gespürt, dass er es wagen kann wieder heimzukehren. Er hat gemerkt, dass keine innere Mauer da war. Innere Mauern, die wir oft aufbauen gegenüber Menschen, die uns gegenüber schuldig geworden sind. Er hat gemerkt, dass Vergebung da war. Es war kein Block da. Als er seine Hemmungen überwunden hatte und heimkam, da durfte er erfahren, dass es keine Täuschung war. Die Freude des Vaters war unendlich groß über seine Heimkehr. Das ist das Wesen Gottes, das uns durch Jesus offenbart worden ist.
Im Bild des verlorenen Sohnes wartet der Vater – wir können auch sagen der Helfer –, bis der Sohn kommt. Er geht ihm zwar entgegen, aber er hat ihn nicht in der Ferne aufgesucht. Er hat ihn gehen lassen. Das entspricht auch jenem Modell in der sozialen Arbeit, wo wir warten, bis der Betroffene von sich aus kommt und keinen Einfluss ausüben, nicht versuchen, ihn auf den rechten Weg zu führen, sondern warten bis sein Leidensdruck so groß ist, dass er selber Hilfe sucht. Das ist ein christliches Modell, aber wahrlich nicht das einzige.

Der gute Hirte und das verlorene Schaf

Das macht uns Jesus deutlich im Gleichnis vom verlorenen Schaf und vom guten Hirten. Das Schaf ist von der Herde weggegangen. Der gute Hirte handelt anders als der Mietling. Er geht dem verlorenen Schaf nach. Er lässt sogar die neunundneunzig stehen, um dem einen, das in die Irre gegangen ist, nachzueilen. Seine Liebe lässt ihn nicht bei denen bleiben, bei denen alles in Ordnung ist. Seine Liebe drängt ihn zu dem Schaf zu gehen, das in Gefahr ist, vom Wolf gerissen zu werden.
Man kann also aus dem Gleichnis vom verlorenen Sohn nicht folgern, dass wir in jedem Fall warten sollen bis der Mensch, der ins Abseits geraten ist, kommt und um Hilfe bittet. Jesus zeigt uns auch den anderen Weg, dass wir zu dem gehen sollen, der die Hilfe braucht und der vielleicht gar nicht mehr in der Lage ist, um Hilfe zu bitten. Wir sollen zu dem gehen, der sich völlig verirrt hat, und der den Liebenden braucht,

der ihn aus seiner Verirrung wieder herausführt. Der gute Hirte. Auch das ist ein Bild von Jesus für sich und für uns alle. Denn wir alle sollten gute Hirten sein.
Der gute Hirte gibt sein Leben für seine Schafe. Das ist Hingabe. Es ist anders als der Mietling, der davonrennt, wenn der Wolf kommt, wenn Gefahr droht. Der gute Hirte ist ganz verfügbar für diejenigen, die in Not sind, für diejenigen, die ihm anvertraut sind. Er schenkt ihnen sein Leben. Er ist mit letzter Hingabe für sie da. Der gute Hirte selbst hat uns das deutlich gemacht. Er, der sein Leben für uns alle hingegeben hat am Kreuz um unserer Erlösung willen. Das ist das Modell auch für uns: in Liebe einzutreten für die Menschen, die uns brauchen. Das ist Wegweisung durch Jesus. Wir alle sind berufen, gute Hirten zu sein und unsere Schafe zu erkennen, die uns anvertraut sind.

Der Gelähmte

Eine starke Aussage übermittelt uns die Begegnung zwischen Jesus und dem Gelähmten. Jesus ist in einem Haus, das brechend voll ist. Keiner kann mehr herein, weil schon viele da sind, die ihm zuhören. Da kommen Männer und bringen einen Gelähmten auf einer Tragbahre. Damit dieser zu Jesus gelangen kann, decken sie das Haus ab und lassen ihn auf der Bahre hinunter.
Dann kommt es zu einer außergewöhnlichen Handlung Jesu. Er heilt den Gelähmten nicht, wie wir es erwarten, sondern er sagt: Deine Sünden sind dir vergeben. Und er spürt das Misstrauen der Umherstehenden, die – ohne es auszusprechen – denken: Das kann jeder sagen: Deine Sünden sind dir vergeben. Und was maßt er sich an? Gott allein kann Sünden vergeben. Jesus antwortet: Damit ihr glaubt, dass der Menschensohn Vollmacht hat, Sünden zu vergeben, sage ich: Steh auf, nimm dein Bett und geh nach Hause.
Die eigentliche Heilung war nicht die Heilung des Gelähmten, nicht die Heilung von der Lähmung. Die eigentliche Heilung war die Heilung der Seele des Mannes. Offenbar war er sehr gebunden. Sein Inneres war gefangen. Vermutlich hat schwere Schuld ihn gequält. Jesus erkennt, was dieser Mensch eigentlich braucht. Es ist nicht körperliche Heilung, sondern Heilung seiner Seele. Heilung seines Inneren. So vergibt er ihm seine Schuld und erkennt ihn als geheilt an. Das Eigentliche ist geschehen. Die eigentliche Heilung hat stattgefunden. Nur um des Unglaubens

der Umherstehenden willen heilt er auch den Leib zum Zeichen, dass er diese Vollmacht hat.
Jesus tut etwas, was wir sehr leicht aus dem Auge verlieren. Er sieht, dass Krankheit und Not Ursachen hat. Oft auch Ursachen in unserer menschlichen Schuld. Das gilt sicher nicht für jede Krankheit. Schon gar nicht für jede Notsituation. Aber es gilt für Krankheiten, und es gilt für Bedrängnisse und Nöte. Das wissen wir von den Süchtigen zum Beispiel. Ein Süchtiger ist nicht nur krank, sondern auch schuldig. Selbst dann, wenn andere an ihm schuldig geworden sind. Der Faktor Schuld spielt eine Rolle. Jesus, der gekommen ist zu versöhnen, will diese Schuld aufheben, sie überwinden.
Auch für uns ist das wichtig, dass wir bei allen Bemühungen um Heilung auch ein Auge für die Schuld haben, wenn Schuld vorhanden ist. Dass wir nicht einfach darüber hinweggehen, sondern dem Menschen helfen, mit seiner Schuld fertig zu werden. Wir können ihm den Weg zur Vergebung durch Jesus weisen. Er kann die Vergebung durch den lebendigen Gott erlangen, besonders durch die Beichte, das Sakrament der Versöhnung. Das ist ein ganz wichtiger Hinweis für soziale Arbeit.
Wenn Menschen schuldig werden, schließen wir sie oft aus. Die Gefangenen zum Beispiel sind die Ausgestoßenen unserer Gesellschaft. Sie werden abgesondert. Sie haben kein Recht, bei den anderen zu sein. Abgesondert sind auch die Süchtigen, die Obdachlosen. Abgesondert sind Prostituierte, Stricher, Zuhälter; das kriminelle Milieu. Jesus geht zu den Abgesonderten.

Magdalena

Da begegnet er jener Frau, die die anderen steinigen wollen, weil sie einen Ehebruch begangen hat. Sie hat eine Familie zerstört. Der Zorn des Volkes richtet sich gegen sie. Sie soll sterben. Jesus tritt denen entgegen, die diese Frau steinigen wollen. Und er fragt sie: Wer ohne Sünde ist von euch, der werfe den ersten Stein! Und ganz betreten drehen alle wieder ab. Jesus bleibt schließlich allein mit der Sünderin. Er schaut sie liebend an und sagt: Geh' hin und tu es nicht wieder.
Die zweite Begegnung: Jesus ist bei einem Pharisäer zu Gast. Da kommt eine Frau, eine Sünderin, und wäscht ihm die Füße mit ihren Tränen. Sie hat seine Liebe erfahren und sie ist grenzenlos dankbar. Sie hat nur

einen Wunsch: Jesus diese Liebe, die sie zu ihm empfindet, zu zeigen. Und Jesus spürt wieder einmal die Gedanken der umherstehenden Menschen, und er deutet ihre Blicke. Er weist sie zurecht und sagt von der Frau: Ihr, die viel gesündigt hat, ist viel vergeben worden. Deswegen kann sie viel lieben. Das ist der Weg Jesu. Liebe als Antwort auf die Schuld. Vergebung als Antwort auf das Versagen. Der, der so geliebt wird, kann befreit werden zur Liebe. Es kann sein Verlangen werden, die Liebe, die er empfangen hat, weiterzugeben an andere Menschen und an Jesus, von dem er so geliebt worden ist.
„Oh glückliche Schuld“, beten wir in der Karfreitagsliturgie, „die Du uns den Erlöser gebracht“, die Du uns diese unendliche Liebe geschenkt hast, durch die wir selber zu Liebenden werden können, wenn wir die Liebe dessen, der sich für uns hingegeben hat, anzunehmen vermögen. Schuld kann umgewandelt werden in Liebe. Es besteht dann die Chance, dass diese Umwandlung geschieht, wenn der Schuldige geliebt wird; wenn unsere Liebe stärker ist als seine Schuld und sein Versagen. Das ist die Waffe Jesu.
Eine andere Stelle sagt: Liebe deine Feinde; tu Gutes denen, die dich hassen; bete für die, die dich verfolgen. Mit anderen Worten: Der, der ungerecht zu dir ist, zu dem sei gerecht, und der lieblos zu dir ist, dem schenke Liebe. Und wenn du noch so verletzt bist, lass dich nicht davon beirren, für den zu beten, der dich verletzt. Das ist der Weg Jesu, zu dem auch wir eingeladen sind. Ein Weg, wie ihn die Welt nicht kennt.

Zachäus

Da wäre noch Zachäus, ein Zöllner, ein Betrüger, ein von der damaligen Gesellschaft Geächteter, ein Handlanger der Römer, der die eigenen Leute noch übers Ohr haut. Dieser Zachäus hört von Jesus. Er weiß, dass Jesus kommt, und steigt auf einen Baum, damit er alles mitbekommt, was Jesus sagt. Er spürt: Da ist einer ganz anders und er will diesen Jesus kennenlernen. Jesus sieht ihn. Es geschieht etwas Ungewöhnliches. Jesus sagt: Komm herab Zachäus, ich will Gast bei dir sein.
Unfassbar für die anderen. Bei dem Sünder, bei dem Geächteten, will er zu Gast sein. Wie kann einer bei einem Sünder zu Gast sein? Wieder ähnlich wie bei dem Geschehen mit Magdalena. Doch Jesus lässt sich nicht beirren, und er isst mit dem Sünder an einem Tisch, und seine Lie-

be ist wieder einmal stärker als alles andere. Der Sünder, der Zöllner, bekennt seine Schuld und entscheidet sich, dass er alles Unrecht wieder gut machen und den Armen von seinem Vermögen geben will.
Die Liebe Jesu hat ihn getroffen. Die Liebe Jesu hat sein betrügerisches Denken, sein kriminelles Handeln überwunden. Auch er will auf die Liebe Jesu antworten. Er wird schließlich sein Jünger. Das ist der Weg Jesu.
Wir grenzen ab, wir schließen aus. Jesus aber holt heim. Jesus ruft mit seiner Liebe.
Wie grenzenlos seine Liebe ist, wird deutlich, dass er einem der beiden Räuber, die am Kreuz hängen, ankündigt, das er noch heute mit ihm im Paradies sein wird. Ich werde darauf noch zurückkommen.

Kommet alle zu Mir

Kommet zu Mir, die ihr mühselig seid und beladen, sagt Jesus zu allen Menschen in Not. Er nimmt alle in sein Erbarmen hinein. Er ist offen für jeden, der seine Liebe braucht. Er schenkt sich ganz, mit ganzer Hingabe. Er ist da für die Blinden, für die Lahmen, für die Aussätzigen. Er heilt und befreit. Er befreit allein schon durch seine Liebe, die er ausstrahlt.
Er nimmt die Menschen, die nicht mehr lebendig sind, in sein Leben hinein. Sie erkennen ihn als den, von dem das Heil kommt, als den Heiland; als den, der die Erlösung bringt. Jesus ist verfügbar. Er setzt sich ein bis zum Letzten.
Mehrfach wird uns berichtet, dass die Menschen ihm gefolgt sind, und dass er sich in die Einsamkeit zurückziehen wollte. Dann aber waren sie wieder da, die Kranken, die Armen. Es wird berichtet, dass Jesus Erbarmen für sie hatte. Dass scheinbar die Müdigkeit wie weg war, als er ihre Not sah. Er empfand sie wie Schafe, die keine Hirten haben. Er selbst ist ihnen Hirte geworden. Für die Massen, die ihn bedrängten, hieß es: Er ist da.
Ich komme nochmals zu sprechen auf den Räuber am Kreuz. Selbst in seiner größten Not hat Jesus noch ein offenes Ohr für die Not des anderen. Er hört dem anderen, der mit ihm gekreuzigt wird, zu und er tröstet ihn. Er verheißt ihm, dass er mit ihm beim Vater sein wird. Das ist der Weg der Liebe. Eine Liebe, die sich verschenkt. Das ist der Weg des guten Hirten, der sein Leben hingibt für die Schafe. Auch in der eigenen größten Not noch da sein für den anderen.

Die Heilung der Aussätzigen

Jesus hat, wie uns berichtet wird, auch Aussätzige geheilt und er hat die berührt, deren Krankheit ansteckend war. Jesus scheut auch nicht vor dem Aussatz zurück, auch nicht vor den Aussätzigen unserer Zeit. Gerade zu ihnen will er kommen, ihnen den Ausweg der Liebe aufzeigen.

Aber es ergeht ihm auch heute wie damals. Von zehn Aussätzigen, die geheilt wurden, kommt nur einer zurück, um ihm zu danken. Auch das ließ Jesus nicht bitter werden. Er sagt nicht: Es ist ja alles sinnlos. Er verschließt sich nicht. Er liebt trotzdem. Er lässt sich nicht enttäuschen und auch nicht entmutigen. Seine Liebe ist grenzenlos.

Seine Liebe überwindet die Lieblosigkeit der Menschen. Sogar die Lieblosigkeit derer, denen er geholfen hat und die ihm gegenüber nicht dankbar sind; die einfach ihr Leben so weiterleben, als wäre nichts geschehen.

Jesus verzeiht auch seinen Jüngern, die ihn, als es Ernst wurde, im Stich gelassen haben, und er verzeiht sogar denen, die ihn ans Kreuz geschlagen haben: Vater, vergib ihnen, denn sie wissen nicht, was sie tun. Das ist sein Weg grenzenloser Liebe. Das ist der Weg, den er auch seinen Jüngern zeigt. Wer mein Jünger sein will, der nehme sein Kreuz auf sich und er folge mir nach.

Es ist auch ein Weg für die soziale Arbeit heute.

Jesu Umgang mit den Emmaus-Jüngern

Wie Jesus mit Menschen in Not umgeht, zeigt er uns auch bei der Begegnung mit den Emmaus-Jüngern. Sie sind völlig verzweifelt, weil Jesus, ihre Hoffnung, gestorben ist am Kreuz, hingerichtet wie ein Verbrecher. Sie fliehen von Jerusalem, dem Ort des grausigen Geschehens. Sie sind auf dem Weg nach Emmaus. Sie wollen nur weg, alles vergessen.

Da kommt ein Fremder zu ihnen. Sie erkennen zunächst nicht, dass es Jesus ist. Und er fragt sie, warum sie so traurig sind. Sie berichten ihm über das, was geschehen ist, und schreien ihre Not heraus. Jesus hört zu, bevor er ihnen Antwort gibt. Auch Antwort aus der Hl. Schrift, aus dem Buch der Bücher. Er erklärt aus der menschlichen Notsituation, warum all das geschehen musste. Er erklärt den Sinn der Schrift als Antwort

auf die aktuelle Lebenssituation. Er bringt die Schrift, die Verheißungen der Bibel, in das Leben der Emmaus-Jünger, und vom Leben her hilft er ihnen, den Sinn der Schrift zu erkennen und zu verstehen.
Das ist biblische Pädagogik, das ist die Pädagogik Jesu. Ganz zuhören. Für die Menschen da sein. Sich in sie hineinspüren und dann mit ihnen Antworten suchen. Antworten aus dem Leben. Antworten auch aus dem Glauben. Dann, wenn sie alles, was sie belastet, herausgelassen haben und empfangsbereit sind, diese Antworten zu hören.

Ich bin das Brot des Lebens

Die Antwort von Jesus ist nicht allein eine menschliche Antwort. Seine Antwort besteht auch nicht allein aus menschlicher Liebe. Er verweist auf Gott, auf seinen Vater, und er verweist auf das Ewige Leben. Seine Antwort ist eine spirituelle Antwort. Ich bin das Brot des Lebens, sagt Jesus. Wer mich isst, der wird leben und in Ewigkeit nicht sterben.
Es war die Antwort, die auch die Menschen seiner Zeit nicht hören wollten. Ebenso wenig wie die Menschen unserer Zeit. Caritas, Liebe, Wunder, alles schön. Aber dieses Einlassen auf das Ewige Leben? Dieses Einlassen auf den lebendigen Gott?
Auch Jesus hat diese Verweigerung erlebt. Wie wir sie heute erleben. Jesus musste erfahren, dass sie ihn zum König machen wollten. Dass sie Wohlstand wollten, Vorteile. Aber dann, als es um das Eigentliche ging, als er die Tür zur Versöhnung mit dem Vater aufmachen wollte und als er sagte, dass er selber das Leben ist, da gingen sie weg. Da verstanden sie nicht mehr. Sie verstanden nicht, dass er sein Leben hinzugeben bereit war, damit wir leben. Dass er stirbt, damit wir auferstehen.
Jesu Antwort war nicht allein eine soziale Antwort, es war auch eine mystische Antwort. Die Antwort des Glaubens, die Antwort der Ewigkeit. Er hat mehr im Sinn gehabt als Wunden zu heilen und Nöte zu beseitigen. Sein Anliegen war und ist es, zum eigentlichen Leben hinzuführen, zum Ewigen Leben, zum Leben, das über den Tod hinaus geht. Den Menschen wieder mit Gott zu versöhnen. Ihm offenbaren, dass unser Gott ein liebender Gott ist, ein versöhnender Gott, ein Vater, zu dem wir heimkehren dürfen wie der verlorene Sohn. Dessen Kinder wir sein dürfen. Wir, die wir Kinder der Welt sind und doch berufen sind, auch Kinder Gottes zu sein.

Die Antwort Jesu ist immer auch eine geistliche Antwort. Sie ist nicht nur eine Antwort für dieses Leben, sondern auch eine Antwort für das ewige Leben. Er zeigt Wege zum Leben, Wege im Hier und Heute, aber auch Wege zum ewigen Leben. Wege für die Heimkehr der Seele.

Wer glaubt, wird leben

Ich bin das Brot des Lebens, wer an mich glaubt, wird leben. Bittet und ihr werdet empfangen“, sagt Jesus, „glaubt und es wird euch aufgetan werden.“ Die Menschen unserer Zeit brauchen nicht nur Caritas, nicht nur Diakonie, nicht nur Liebesdienste. Die Menschen unserer Zeit, die seelisch so vereinsamt sind, brauchen die Begegnung mit Gott. Sie brauchen Jesus, den Lebendigen, Begegnung mit ihrem Heiland, der der Wegweiser für ihr Leben wird und der unsere Seele heimbringt in des Vaters Haus.

3. Auftrag und Berufung des christlichen Sozialarbeiters

Der spezifisch christliche Auftrag des Sozialarbeiters ergibt sich aus dem Leben Jesu und aus den Aussagen unseres Herrn. Es gibt kein besseres Leitbild für den christlichen Sozialarbeiter als den Umgang Jesu mit den Menschen vom Rande. Jesus zeigt uns selbst durch sein Leben, wie wir mit den Armen und den Ausgestoßenen verfahren sollen. Jesus selbst hat die Berufung des Helfers für die Menschen vom Rande gelebt. Aus seinem Leben können wir Grundsätzliches ableiten für Auftrag und Berufung des christlichen Helfers. Betrachten wir die Botschaft Jesu näher, so können wir verschiedene Berufungen für die Menschen vom Rande, Berufungen für die Armen, für die Menschen im Abseits erkennen. Wir wollen den Umgang Jesu mit den Menschen vom Rande für unsere Zeit deuten und daraufhin Schlüsse ziehen für den Dienst des christlichen Helfers heute.

Die Samariter-Berufung

Was heißt das für unsere Zeit? Der barmherzige Samariter hat den unter die Räuber Gefallenen geborgen. Die Samariter-Berufung ist eine bergende Berufung. Menschen, die hilfsbedürftig sind, sollen in der Liebe und Barmherzigkeit Gottes und der Menschen geborgen werden. Das ist der Auftrag. Gerade Menschen, die sich nicht mehr selber helfen können – sei es durch Krankheit, sei es durch Alter, sei es durch Not – gerade jene Menschen brauchen den barmherzigen Samariter: den, der für sie das tut, was sie selber nicht mehr leisten können. Sie brauchen den Menschen, der in ihre Not kommt und sich ihrer annimmt; der die Dienste verrichtet, die sie selbst nicht verrichten können; der sie davor bewahrt, dass sie vereinsamen, verkümmern oder verelenden.

Die helfenden Berufungen – Krankenschwester zum Beispiel oder Altenpfleger – können wir als Samariter-Berufungen erkennen. Es geht dabei nicht nur und auch nicht einmal wesentlich um die äußeren Verrichtungen, die unerlässlich sind. Was den barmherzigen Samariter auszeichnet, ist die Liebe, mit der er für den unter die Räuber Gefallenen sorgt.

Der Mensch, der ohnmächtig ist, braucht nicht nur die notwendigen professionellen „technischen“ Handlungen. Der Mensch, der in seiner Hilflosigkeit verharrt, braucht vor allem Liebe und Zuneigung von anderen Menschen. Er braucht die Barmherzigkeit. Der Samariter ist nun einmal der barmherzige Samariter. Er wäre es nicht ohne diese Barmherzigkeit. Sie zeichnet ihn aus. Sie lässt ihn für den anderen zum Nächsten werden. Die notwendigen Dienste, die an dem Armen, an dem Behinderten oder an dem kranken oder alten Menschen geleistet werden, erfahren ihre Heiligung durch die Barmherzigkeit, die der Samariter gewährt. Durch sie wird der Dienst erst menschlich.
Die Wärme, die der Samariter ausstrahlt, ist das Entscheidende. Die Liebe, die er ausströmt, lässt den Job, den er leistet, zur Berufung werden. Die Kranken und die Armen erkennen durchaus, wer ihnen als Samariter begegnet. Die Begegnung mit dem Helfenden wirkt heilend, wenn diese Begegnung eine liebende Begegnung ist und wenn der Mensch in dieser Begegnung auch die Zärtlichkeit Jesu erfährt.

Der spirituelle Samariter-Dienst

Zur Samariter-Berufung im christlichen Sinne gehört es auch, dass der Helfer dem Betroffenen nicht nur menschlich liebend begegnet, sondern auch im Namen Jesu zu ihm kommt und ihm im Namen Jesu beisteht, wenn er dafür offen ist. Konkret kann das heißen, dass ein Kranken- oder Altenpfleger zum Beispiel mit dem kranken oder alten Menschen betet, wenn dieser es wünscht; dass er ihn segnet oder dass er den Sterbenden, so er offen ist, im Gebet zum Herrn hinführt und so in die Ewigkeit geleitet.
Ein besonderes Merkmal für die Samariter-Berufung ist die Wachsamkeit. Der Samariter ist hellhörig für die Not des Anderen. Er erkennt, für wen er gebraucht wird. Er lässt sich auf den Menschen, für den er gerufen wird, ein. Dies mag uns deutlich werden etwa am Beispiel der vielen Obdachlosen, denen wir oft auf den Straßen unserer Städte und Gemeinden begegnen. Nicht jeder Obdachlose kann eine Berufung für uns sein. Wir müssen lernen zu unterscheiden, für wen wir gebraucht werden, weil wir nicht allen dienen können. In der Praxis als Sozialarbeiter im Gefängnis habe ich zum Beispiel herausgefunden, dass mich nicht unbedingt diejenigen benötigten, die nach mir gerufen hatten. Wenn ich mich zurückgezogen habe und nach innen gehört habe, wur-

den mir andere nahe. Es waren Gefangene, die sich oft nie gemeldet hatten. Ich erkannte: sie, die Unauffälligen, brauchen mich. Auch das gehört zur Berufung des Samariters. Wirklich zu spüren: Wer braucht mich. Und nicht nur dem nachzugeben, der am meisten ruft und schreit. Vielleicht ist ein anderer ganz im Verborgenen, der die Hilfe noch viel nötiger braucht als der, der danach ruft.
Es ist wichtig, dass wir ganz wach sind. Ich gehe persönlich an vielen Obdachlosen vorbei und fühle mich hilflos. Eines Tages fiel mir ein junger Mann auf, der auf der Straße saß mit einem Schild: „Ich habe Hunger!“
Mich hat das irgendwo berührt und beschäftigt. Ich ging zunächst mal um den Block und kam dann auf ihn zu und sagte ihm, dass ich in einem Kloster sei, und wenn er wolle, dass er mit zum Mittagessen kommen könne. Ich würde dafür sorgen, dass er auch wieder zurückgebracht werde. Er stand auf und ging mit mir mit. Im Kloster ging er nach dem Mittagessen in die Hauskapelle. Etwa ein Jahr später erreichte mich ein Brief von ihm. Er war mittlerweile im Gefängnis und er schrieb, dass diese Begegnung für ihn wichtig gewesen sei, dass ihm in der Kapelle Gott ganz nahe gewesen sei. Das war eine solche Samariter-Begegnung.

Jesus im Nächsten

Es gibt Menschen, in denen Jesus auf uns wartet, Menschen, für die wir der Nächste sind. Es ist wichtig, dass wir das wahrnehmen. Der barmherzige Samariter fragt nicht, ob es der Mensch wert ist, dem er hilft. Er fragt auch nicht, ob der andere selbst schuld an seiner misslichen Lage hat. Er erkundigt sich nicht, woher der andere kommt, ob er ein guter Mensch ist oder ein schlechter. Er hilft, weil er die Not sieht. Der barmherzige Samariter hilft absichtslos. Er will nichts zurückbekommen für sein Tun, weder materiell noch menschlich. Er gibt, damit die Not des anderen gelindert wird und das genügt ihm. Bei dem Wirt, bei dem er den Kranken unterbringt und gesund pflegen lässt, zahlt er im voraus die Kosten, die entstehen, dann geht er weiter. Dem unter die Räuber Gefallenen ist geholfen worden. Nun liegt es an ihm, wie es weiter geht.
Der Samariter ergreift Partei für die Schwachen. Sein Platz ist bei den Notleidenden, bei den Opfern, bei denen, die in der Knechtschaft sind.

Auch bei jenen, die in der Knechtschaft der Sünde sind, denn er will, dass der Gefangene frei wird, der Verwundete wieder heil, der Zerschlagene wieder aufgerichtet wird. Der Notleidende kann mit dem Samariter rechnen, gleich in welcher Situation er auch ist. Der Schwache erfährt den Arm des Starken, der ihn aus dem Sumpf zieht. So ist der Samariter ein Symbol der Hoffnung, ein rettender Anker für den, der abgetrieben zu werden droht vom Strom der Zeit. Der Samariter steht ihm bei in den Notlagen. Er ist an seiner Seite. Er lässt den, der Opfer der Räuber geworden ist, nicht allein. Wie wichtig ist diese Berufung für unsere Zeit!

Die Vater-Berufung (Mutter-Berufung)

Viele Kinder unserer Zeit brauchen nicht so sehr den barmherzigen Samariter, den Menschen, der ihnen in einer bestimmten Notsituation beisteht. Sie brauchen vielmehr Vater oder Mutter, die ihnen wieder Heimat geben in dieser Welt. Ich denke an die vielen Verlorenen, die ohne das schützende Nest einer Familie aufgewachsen sind und auch an jene, die in miserablen Familienverhältnissen gelebt haben und die nie erfahren durften, was Familie von der göttlichen Berufung her ist. Es sind Menschen, die heimat- und orientierungslos geworden sind. Sie sind innerlich zerrissen, so wie die Familienverhältnisse zerrissen waren, in denen sie ihre Kindheit oder Jugendzeit verbrachten. Sie sind so wie ihre Familien. Innerlich tot, leer, kaputt, ohne Hoffnung.
Wir leben in einer vaterlosen Zeit, in der viele junge Menschen ohne Orientierung aufgewachsen sind und in der auch viele die Mutterliebe nicht oder nur mangelhaft erfahren haben. Es ist eine Zeit, in der viele familiäre Beziehungen in die Brüche gegangen sind, sei es durch die Schuld der Eltern, sei es durch die Schuld der Kinder, sei es durch die Schuld aller Beteiligter. Diese jungen Menschen brauchen eine Antwort, die nicht allein in Worten bestehen kann. Sie braucht Taten. Taten der Liebe, Taten der Hingabe.
Sie brauchen nicht so sehr Menschen, die ihr Schicksal analysieren und die ihnen gute Ratschläge erteilen, und schon gar nicht Menschen, die sie bemitleiden. Sie brauchen Menschen, die ihnen Vater oder Mutter sind, die ihnen Liebe und Orientierung geben und die liebend mit ihnen in die Auseinandersetzung um einen Neubeginn eintreten. Der christliche Helfer und die christliche Helferin müssen sich darüber im Klaren

sein, dass viele Betroffene – ob wir das wollen oder nicht – in ihnen den Vater oder die Mutter suchen.

Der Mensch, der beziehungslos geworden ist, der Mensch, der vereinsamt ist, sucht nicht in erster Linie den Fachmann oder die Fachfrau, das Fachwissen, sondern er sucht den Menschen, er sucht Liebe. Er sucht Menschen, die ihm etwas bedeuten und denen er etwas bedeutet. Das ist die unterschwellige Anfrage.

Diese Vater- oder Mutter-Berufung kann nur frei werden, wenn wir offen dafür sind. Wir werden dies dann wahrnehmen, wenn wir von den anderen erkannt worden sind. Wir werden spüren, wenn der andere uns vertraut, sich uns anvertraut. Es ist ein ganz verborgenes Geschehen. Wir können aber auch, wenn wir dies nicht registrieren, den anderen zurückstoßen, abweisen, ihn sogar verletzen, wenn er den Eindruck bekommt, dass wir an ihm gar nicht interessiert sind, sondern rein pflichtgemäß den Dienst für ihn tun.

Geistliche Elternschaft

Es kann eine geistliche Vater- oder Mutterschaft entstehen, wenn wir dazu bereit sind. Wenn wir bereit sind, den Menschen, der uns anvertraut ist, auch als unser Kind anzunehmen und ein Stück für ihn da zu sein. Auch über unsere dienstlichen Pflichten hinaus.

Das ist natürlich nicht planbar, nicht machbar. Das ist ein Geschenk. Etwas, das durch die Gnade Gottes geschieht. Die Voraussetzung, die von uns verlangt ist, ist das offene Herz, die Bereitschaft zur Liebe, die Bereitschaft zur Begegnung. Dann entsteht diese geistliche Elternschaft als eine wertvolle Frucht.

Sie führt uns aber auch in neue Auseinandersetzungen. Es ist ein Unterschied, ob wir nur funktional einen Dienst für einen Menschen tun – und das wird für viele so bleiben – oder ob wir für einen Menschen eine weitere wichtige Funktion in seinem Leben einnehmen; ob wir ihm Vater, Mutter, Bruder oder Schwester werden. Ob wir uns auf ihn einlassen, ob Freundschaft entstehen darf.

Es gibt wirklich gute soziale Helfer, die Zeit ihres Lebens Vertrauenspersonen für bestimmte Menschen sind, welche sich immer wieder an sie wenden, gerade in Stunden der Not. Sie haben im sozialen Helfer einen Ersatz, einen wirklich guten Ersatz für ihre Eltern gefunden, die nicht oder nicht so verfügbar für sie sind.

Schon an dieser Stelle sei gesagt, dass ein solches Einlassen nur möglich ist, wenn der Helfer auch den Lebensraum für sich selber herzustellen vermag.

Wir dürfen Jesus ernst nehmen, wenn er sagt, dass jene ihm Vater oder Mutter, Bruder oder Schwestern sind, die den Willen seines Vaters tun. Ja, wir können anderen Väter, Mütter, Brüder oder Schwestern werden, wenn wir uns auf Jesus einlassen. Dann wird er uns Menschen anvertrauen können, für die wir Väter, Mütter, Schwestern und Brüder sein können. Das ist ein geistliches Geschehen, nicht nur ein zwischenmenschlicher Prozess.

Die Frage ist, ob wir bereit sind, denen, für die Gott uns braucht, Vater oder Mutter, Bruder oder Schwester zu sein. Jesus stiftet Beziehungen. Mit seiner Liebe macht er neue Beziehungen möglich, die den familiären Bindungen, die durch Blutsverwandtschaft und Zusammenleben entstanden sind, durchaus gleichen. Jesus beruft auch in unserer Zeit Menschen zu Vätern und Müttern für die Heimatlosen dieser Zeit. Doch nur wenige scheinen geistlich zeugungsfähig zu sein.

Tiefe familiäre Beziehungen werden geschenkt, wenn Betroffene und Nichtbetroffene, Helfer und Menschen in Not, sich aufeinander einlassen. Dann entstehen Wunder der Liebe Gottes. Menschen, die gestern noch einander fremd waren, sind sich plötzlich nahe und vertrauen einander, als ob sie sich schon immer kennen würden. Das ist die geistliche Elternschaft, die Gott stiftet. Eine neue Wirklichkeit entsteht.

Die Hoffnungslosigkeit der Hoffnungslosen unserer Zeit kann überwunden werden, wenn die Liebe Gottes in seiner Gnadenfülle frei wird. Der christliche Helfer kann einen wichtigen Beitrag dafür leisten, wenn er bereit ist, sich ganz zu schenken, so wie Gott ihn braucht. Er hat dann auch nicht zu befürchten, überfordert zu werden.

Wer als christlicher Helfer Vater ist, der kann auch dazu beitragen, dass das Gottesbild des betroffenen Menschen erneuert wird, dass er Gott auch als Vater fassen kann. Für viele Menschen ist der Begriff „Vater“ besetzt mit Gleichgültigkeit, mit autoritärem Verhalten, mit Härte, mit Strafe. Wenn der Mensch einen gütigen und gleichzeitig klaren Vater erlebt, dann kann ihm dies Zugang werden zum lebendigen Gott.

Die Hirten-Berufung

Der soziale Helfer kann nicht nur eine Vater-, sondern auch eine Hirten-Berufung haben. Der Vater ist da für den Sohn. Der verlorene

Sohn kann heimkehren. Der Vater wartet auf ihn, er ist bereit, er nimmt ihn gewissermaßen in die Familie hinein.
Der Hirte geht dem verlorenen Schaf (oder dem verlorenen Sohn) nach. Er kämpft um den, der in der Gefahr ist, abzustürzen. Sein Dienst ist ein aktiver Dienst. Er sucht den, der in der Gefahr ist, verloren zu gehen. Er geht dorthin, wo der andere Gefahr läuft, unterzugehen.
Ein Bild in unserer Zeit für den guten Hirten könnte der Streetworker sein. Der Sozialarbeiter, der auf die Straße geht, in die Scene zu denen, die ganz unten sind, um ihnen eine Brücke zu bauen für eine Umkehr. Er reicht dem anderen die Hand zum neuen Anfang, zum Ausstieg aus Sucht oder Kriminalität oder Gewalt oder Prostitution. Der „Hirte" lässt sich ein auf das „Schaf". Jesus sagt: Der gute Hirte gibt sein Leben für seine Schafe. Er ist wirklich ganz bereit, einsatzbereit.
Da wird ein Unterschied deutlich zwischen Hirten und Mietling. Auch der Mietling wird von Jesus in der Schrift erwähnt. Dem Mietling gehören die Schafe nicht. Er hat keine Beziehung zu den Schafen. Er lässt sie abstürzen. Der gute Hirte aber kämpft für die Schafe, weil sie sein Eigen sind, und noch mehr, weil er diese Schafe liebt. Auch da werden wir einen qualitativen Unterschied in der Sozialarbeit feststellen können zwischen denen, die die Menschen lieben, die in ihrer Zuständigkeit sind, und denen, die einfach professionelle Dienste tun ohne Bezug zu den Menschen, mit denen sie es zu tun haben. Der gute Hirte liebt seine Schafe. Er tritt ein für seine Schafe. Der Mietling aber läuft davon, wenn es kritisch wird. Der soziale Helfer erweist sich als Hirte oder Mietling nicht dadurch, dass er bezahlt wird für seinen Beruf, sondern ob er um die Menschen kämpft und mit ihnen auch leidet, um sie ringt, sie nicht aufgibt. Der Mietling wird das tun, was er fachlich leisten kann, und ansonsten seine Wege gehen und sich nicht weiter um die Menschen kümmern und sorgen. Hirte oder Mietling, das ist die Frage. Es ist eine innere Haltung. Der Auftrag des christlichen Sozialarbeiters ist es, guter Hirte zu sein. Das ist seine Orientierung her vom Auftrag. Wenn er ein Mietling geworden ist, hat er seine Berufung verfehlt. Die Menschen, vor allem die Menschen in Not, brauchen gute Hirten. Es genügt nicht der, der nur einen Job versieht. Der gleichgültige Helfer kann Menschen tief verletzen.

Der christliche Helfer hat auch den Auftrag, Zeuge und Bote Jesu zu sein. „Wer euch sieht, sieht mich“, sagt Jesus zu seinen Jüngern. „Wer euch sieht, sieht mich“, so sagt er auch zu den christlichen Helfern. Am christlichen Sozialarbeiter wird Jesus erkannt oder nicht erkannt. Wenn der christliche Sozialarbeiter ein Nur-Funktionär ist, durch den die Liebe Gottes nicht offenbar wird, dann wird er eine weitere Barriere gegenüber Christus und dem Glauben sein. Wenn er aber seine Liebe schenkt, dann wird durch ihn auch etwas von der Liebe Gottes, von der Liebe Jesu Christi, offenbar.

Wir sind nicht neutral, wir sind gerufen, Zeugen und Boten Jesu zu sein. Wir sind aufgefordert, durch unser Leben (mehr als durch unsere Worte) Jesus sichtbar werden zu lassen. Wir sind gerufen, Boten der Liebe Gottes zu sein, auch Boten der Vergebung.

Viele Menschen in Not sind schuldig. Sie haben die Not selbst verursacht. Sie haben Beziehungen zerschlagen. Sie haben Egoismus oder Gewalt ausgelebt und dadurch das zerbrochen, was ihnen wertvoll war. Viele Menschen haben schwere Schuld auf sich geladen, nicht nur die, die in den Gefängnissen sind. Diese Menschen brauchen die Erfahrung von anderen, die sie dennoch lieben, trotz ihrer Taten.

Boten der versöhnenden Liebe Jesu sein – das ist ein Auftrag des christlichen Helfers. Dem andern in Liebe begegnen, egal, was er verbrochen hat. Auch dem in Liebe vergeben, der Kinder oder Frauen sexuell missbraucht hat. Auch dem Mörder liebend begegnen. Es ist eine große Herausforderung.

Wie sollen die Menschen etwas vom liebenden Gott erfahren, gerade die schuldig gewordenen Menschen, wenn niemand ihnen diese Liebe konkret zeigt? Wir haben den Auftrag, alle Menschen zu Jesus zu führen. „Geht hinaus in alle Welt und verkündigt das Evangelium und macht alle zu meinen Jüngern.“ Das ist auch ein Auftrag für den christlichen Helfer. An diesem Auftrag kommt kein Christ vorbei. Wir sind gerufen, die Menschen in den Glauben einzuführen, in christliche Gemeinschaft hineinzunehmen, mit ihnen zu beten, mit ihnen zu Gott zu gehen. Natürlich muss das in aller Behutsamkeit geschehen. Natürlich ist es kein Weg, den Menschen aufdringlich von Jesus zu erzählen. So zu handeln wäre alles andere als eine christliche Tat. Es wäre Lieblosigkeit. Mit Lieblosigkeit können wir niemanden zu Jesus führen. Aber wenn die Menschen offen sind für Gott, wenn sie bereit sind, das Wort zu hören,

dann ist es wichtig, dass wir nicht schweigen. Dann brauchen wir nicht schweigen über den, der die Menschheit erlöst hat. Nicht schweigen über den, der auch heute Beziehungen zu den Menschen haben will. Und der ganz besonders wichtig ist für die Menschen in Not, weil er sie in seiner unendlichen Liebe bergen will.
Zeugen Jesu sein, das ist der Auftrag für den christlichen Sozialarbeiter. Die Menschen zu Jesus bringen. Sie zu Jesus hinführen. Ihnen Zeuge des Heils sein und auch Diener des Heilungsgeschehens werden.

Verfügbar für die Liebe Gottes

Bereit zu sein, Gott durch uns wirken zu lassen. Verfügbar sein für die Liebe Gottes, die durch uns fließen will zu den Menschen, die dieser Liebe bedürfen. Dabei braucht es nicht unsere Sache sein, den Zeitpunkt zu bestimmen, an dem wir den benennen, in dessen Namen wir kommen. Wir dürfen da zurückhaltend sein. Wir dürfen betend in die Begegnung gehen und brauchen nicht aufgesetzt über Gott reden. Aber es wird uns gezeigt werden, wann wir reden können, ohne dass der andere den Eindruck bekommt, es ist übergestülpt.
Es wird der Zeitpunkt kommen, an dem wir vielleicht merken, dass jetzt Gebet wichtiger ist als Gespräch. Wo unser Mut gefragt ist, dass wir dann mit den Menschen beten. Selbst dann, wenn wir Ärgernis werden für andere. Für Kollegen, die nicht damit klarkommen, weil sie den Reichtum des Glaubens nicht erkennen.
Boten Jesu sind wir, wenn wir barmherzige Samariter sind. Väter oder Mütter, Brüder oder Schwestern und wenn wir gute Hirten sind. Dann lernen die Menschen durch uns Jesus, den Herrn und Erlöser kennen. Unsere Liebe wird sie aufmerksam machen auf die Liebe, die von wo anders her, die von Gott kommt.

Spirituelle Nahrung für Helfer wie für Betroffene

Es genügt nicht, wenn wir selbst an die Liebe Gottes glauben. Wenn wir selbst mit Christus verbunden sind. Der Glaube ist wichtig für uns, aber auch für die Menschen, für die wir gerufen sind. Sie sollen nicht von uns abhängig werden. Sie sollen vielmehr selbst eine Beziehung zum lebendigen Gott bekommen. Es ist ein Anspruch, den wir

ihnen nicht verwehren dürfen. (Es gibt leider christliche Helfer, die sehr wohl spirituell für sich Nahrung suchen, sich aber vornehm zurückhalten, wenn es um die Betroffenen geht. Sie wollen nicht missionieren, sagen sie und verkennen, dass sie den ihnen anvertrauten Menschen Wesentliches vorenthalten.)
Wenn die Zeit reif geworden ist, wird der christliche Helfer mit dem betroffenen Menschen über die Liebe Gottes reden. Über diese große Chance, Beziehung aufzunehmen zu Jesus, dem Auferstandenen. Auch ein Stück dadurch frei zu werden von menschlichen Beziehungen und die Verankerung in Gott zu suchen, von dem die Seele kommt und zu dem die Seele wieder zurück will. Und gleichzeitig aber auch liebesfähig gegenüber den Menschen zu werden.
Können wir ermessen, was wir den Menschen vorenthalten, wenn wir ihnen die Beziehung zu Gott nicht zugänglich machen? Welchen Reichtum verwehren wir den Menschen, denen wir nicht die Tür zur Gnade aufstoßen? Sind wir nicht vermessen, wenn wir uns zwischen Gott und den Menschen stellen und meinen, wir selbst könnten alles leisten? Sind wir die Erlöser? Sollten wir nicht hinweisen auf den, von dessen Liebe und Barmherzigkeit auch wir abhängig sind, dessen Gnaden auch wir brauchen, um diesen Dienst zu tun?!
Es ist ein wunderbarer Auftrag des geistlichen, des christlichen Sozialarbeiters, des christlichen Helfers, Menschen, die offen sind, zu Jesus Christus hinzuführen, Menschen heimzuführen in das Reich Gottes, in die Beziehung zum Vater, zum Sohn und zum Hl. Geist, die die heilmachendste Beziehung ist, die der Mensch in seiner Erdenzeit zu finden vermag.

4. Rolle und Person des christlichen Helfers

Wie kann der christliche Sozialarbeiter, der Helfer in sozialen Diensten, seinen Glauben und seinen professionellen Dienst miteinander vereinbaren? Wie kann das Handeln des christlichen Helfers aus dem Glauben geschehen? Wie können das Handeln aus dem Glauben und der professionelle Dienst eins werden?
Es wäre unbefriedigend, wenn der christliche Helfer gespalten wäre einerseits in die Persönlichkeit des Glaubenden und andererseits in die Rolle des Fachmanns/der Fachfrau. Rolle und Person des Helfers sollen eins sein. Sonst ist der Mensch gespalten. Person und Funktion dürfen nicht voneinander getrennt werden. Wären sie getrennt, dann wären wir nicht identisch. Wir handeln sowohl aus den Möglichkeiten unseres Menschseins (Christseins) als auch aus denen unserer fachlichen Qualifikation.

Die Beziehung Rolle/Mensch

Was ist der Sozialarbeiter, der Helfer, ist erster Linie: Christ oder Rollenträger, Mensch oder Funktion? Ist er Funktionär, Fachmann, Mensch? Steht die Methode im Vordergrund oder sein Menschsein, sein Christsein?
Die Antwort auf solche Fragen werden wir nicht in einem Entweder-Oder finden, sondern in einem Sowohl-als-auch. Das fachliche Rüstzeug allein ist unzulänglich. Der Nur-Fachmann im beruflich-professionellen Sinne genügt nicht. Aber auch der Nur-Christ, der seine Fachlichkeit nicht beherrscht, wäre ebenso fehl am Platz.

Die Beziehung zu den anvertrauten Menschen

Es ist ein gewaltiger Unterschied, ob die anvertrauten Menschen sich einem „Nur-Berufsträger“ gegenüber wissen oder einem Menschen, der an ihrem Schicksal, an ihrem Leben, Anteil nimmt. Die Betroffenen nehmen es wahr, ob der Mensch „durchscheint“ oder nur die Funktion ersichtlich ist. Der christliche Helfer sollte an seiner Liebe zu erkennen sein. Er soll Fachmann, Mensch und Christ sein. Seine Art des Umgangs mit den Menschen sollte Zeugnis für das Evangelium Jesu Christi sein. Der christliche Helfer, der Menschen nicht liebend begegnet, wird eher zum Zeugnis gegen den Glauben.

Der christliche Helfer ist ein Gefangener, wenn er nur Funktionsträger und Methodiker ist. Die Methoden, das Fachwissen, sollen dienen. Sie sind nicht alles. Wichtig ist der Mensch. Strahlt er Wärme aus, lebt er die Freundlichkeit Gottes, dann ist seine Wirkung eine ganz andere, als wenn er kalt ist, mag er noch so qualifiziert fachlich und sachlich seinen Dienst tun.

Die Methode wird fruchtbar durch den Menschen, der dem anderen liebend begegnet, und sie bleibt unfruchtbar ohne den menschlichen Umgang. Deshalb sollte die Liebe das Grundstudium sein, das der christliche Helfer absolviert, die fachliche Ausbildung dagegen das Aufbaustudium. Dieses soll Hilfestellung für die Praxis geben. Der christliche Helfer wird darauf zu achten haben, dass die Ausbildung ihn nicht von den Menschen entfremdet. Das ist der Fall, wenn er ihnen verkopft begegnet, und wenn die Methoden ihn hindern, sich auf die Menschen einzulassen. Alles hat seine Gefahren.

Das Grundstudium der Liebe absolviert der christliche Helfer in der Begegnung mit Menschen, in seinem Umgang mit anderen. Er wird fortschreiten in dem Maße, in dem er sich auf andere einlassen kann und ihnen zu begegnen vermag.

Paulus würde heute dem christlichen Sozialarbeiter sagen: Und hättest du ein Fachwissen, das die Erkenntnisse aller Universitäten der Welt umfasst, und du hättest die Liebe nicht, du hättest nichts. Dein Dienst an den Menschen, für die du eingesetzt wirst, wäre unnütz und unbrauchbar.

Durch die Liebe wird das Fachwissen brauchbar. Ohne die Liebe ist es weitgehend unfruchtbar.

Der Glaube als Quelle

Für den christlichen Helfer ist der Glaube die Quelle seines Handelns. Er lebt mit Gott verbunden und verbunden auch mit den Menschen. Die Liebe Gottes, in die er sich fallen lässt, befähigt ihn zur Liebe zu den Menschen. Er weiß sich von Gott geliebt, und sein Bestreben ist es, diese Liebe weiterzugeben.

„Liebt einander, so wie ich Euch geliebt habe. Bleibt in meiner Liebe." – Diese Weisung Jesu ist ihm Grundlage für seinen Dienst. Er ist missionarisch, auch wenn er nicht das Wort Gottes verkündigt, sondern wenn er versucht, die Liebe Jesu weiterzugeben.
Das Fundament des Helfers, das persönliche Fundament, ist sein Glaube, die Verankerung in Jesus Christus. Sein fachliches Können ist sein weltliches Rüstzeug, das er anwendet, um den Menschen zu dienen. Die soziale Arbeit leistet er so aus seinem Glauben, aus der Beziehung zu Jesus Christus.
Es wäre zu wenig, nur nach dem christlichen Menschenbild oder aus kirchlicher Konvention zu handeln. Der Glaube ist Kraft und Quelle der Erneuerung. In diese Kraft können die Menschen hineingenommen werden, wenn sie die Liebe Jesu durch christliche Helfer erfahren.
Der Glaube ist ein Impuls des Herzens, die Fachlichkeit eine Gabe des Verstandes. Herz und Verstand können im Miteinander den Menschen dienen.

Der Konflikt Nähe/Distanz

Der Konflikt Nähe – Distanz stellt sich für den christlichen Sozialarbeiter in besonderer Weise. Der Mensch, der ihm anvertraut ist, ist nicht nur Klient, sondern auch Bruder (Schwester). Es entspricht nicht dem christlichen Helfer, eine ausschließlich fachliche Beziehung aufzubauen. Er wird immer offen dafür sein, dass auch eine menschliche Beziehung entsteht. Denn er will nicht nur fachlichen Dienst leisten, sondern auch dem Menschen begegnen, und Christus in ihm. So wird es vom Betroffenen abhängen, ob er nur „Klient" ist, oder ob es auch zu einer menschlichen oder gar geistlichen Begegnung kommt.
Der christliche Helfer will dem Menschen nicht nur als Fachmann, sondern auch als Mensch und als Christ begegnen. Ihm ist nicht nur der fachliche Dienst wichtig, sondern auch die Begegnung. Begegnung ist auch möglich, selbst wenn es nur um Erledigung administrativer Dinge geht. Auch rein funktionale Handlungen können mit oder ohne Herzenswärme ausgeübt werden. Gerade für die vielen verstoßenen und vereinsamten Menschen unserer Zeit, die zum Adressatenkreis des Helfers gehören, ist der menschliche Umgang wichtig.
Das Einlassen auf Nähe ist für den christlichen Helfer nicht konfliktfrei. Aber er stellt sich diesen Konflikten, statt sich der Bewältigung dieser

Konflikte zu entziehen durch Rückzug auf die klassische Position der „Distanz zum Klienten“, die vor diesen Konflikten bewahren und schützen soll.

Nähe und Distanz

Für den christlichen Helfer ist es nicht die Frage: „Nähe oder Distanz“, sondern es geht um Nähe und Distanz. Er wird es zu lernen versuchen, Nähe wie Distanz herzustellen, so wie es jeweils für den ihm anvertrauten Menschen, aber auch für ihn selber notwendig ist.
Es ist keine Frage, dass die Nähe zu „Klienten“ auch Übertragungsprobleme auslösen kann und dass es zu unguten Bindungen kommen kann, die den Betroffenen wie den Helfer unfrei machen können.
Viele Betroffene suchen im Helfer eine Vater- oder Mutterfigur. Die unerfüllten Erwartungen in der eigenen Vater- oder Mutterbeziehung können auf den Helfer/die Helferin übertragen werden. Es kann bei ihm/ ihr die fehlende Liebe gesucht werden, die der Mensch in seiner Kindheit nicht oder nur ungenügend bekommen hat. Der Helfer kann aber auch durch Verhaltensweisen in die alten Wunden stoßen, die dem Betroffenen in der Vergangenheit zugefügt worden sind. Er/sie kann den Betroffenen an Vater (an Mutter) erinnern und unbewusst nicht aufgearbeitete Erinnerungen auslösen.
Dadurch können Situationen entstehen, die die Frage aufwerfen, ob er, wenn eine solche konfliktreiche Beziehung entstanden ist, einen therapeutischen Dienst noch leisten kann oder selbst auf die klärende Vermittlung einer dritten Person angewiesen ist. Das Austragen dieser Beziehungskonflikte, unter Umständen mit Hilfe anderer, kann ein wichtiger Bestandteil im Heilungsprozess sein – wenn diesmal die Bewältigung geschieht.
Wo Nähe zu einem Betroffenen entstanden ist, wird der Helfer darauf achten müssen, dass diese gesund gelebt wird, und dass es nicht zu unguten Fixierungen kommt. Der Betroffene, der endlich einen Menschen gefunden hat, der sich ihm zuwendet, kann dazu neigen, sich an ihn zu klammern, um ihn nicht wieder zu verlieren. Das macht ihn selber unfrei und blockiert auch den Helfer, der es lernen muss, mit solchen Situationen umzugehen.

Einlassen und loslassen

Für den christlichen Helfer wird es notwendig sein zu lernen, sich einzulassen, aber auch loszulassen. Nicht nur der Betroffene kann versucht sein, sich am Helfer festzuhalten. Auch dieser läuft Gefahr, sich an den Menschen, der ihm nahe geworden ist, zu sehr zu binden und sich in zu großem Maße für ihn verantwortlich zu fühlen.

Daher ist es wichtig, dass der Helfer nicht nur lernt, die Nähe, sondern auch wieder den Abstand herzustellen – so wie es für den Betroffenen und auch für ihn selber notwendig ist. Dass das möglich ist, zeigen ja auch gesunde Eltern-Kind-Beziehungen. Freilich kann es zu Loslösungsprozessen kommen, die nicht konfliktfrei sind. Aber das ist auch in unseren Familien der Fall, wenn heranwachsende oder erwachsene Kinder sich loslösen.

Der Helfer wird bemüht sein, nicht die einzige Vertrauensperson für den Betroffenen zu sein, sondern ihn zu anderen Beziehungen hinzuführen, in denen er sich öffnen kann. (Gruppenarbeit ist eine Möglichkeit dazu.) Wenn dieser sich an ihn klammert oder Ansprüche stellt, wird er lernen müssen, ihn in Liebe, aber auch mit Bestimmtheit zurückzuweisen. Wenn der Betroffene ihn zu überfordern droht, wird er auch auf seine eigenen Bedürfnisse hinweisen müssen – auch auf sein Recht auf Ruhe. Er wird den Betroffenen fordern müssen, die Grenzen des Helfers zu respektieren und auch ihn als Person zu achten. Das aber wird eine wichtige Schule der Liebe sein – für beide.

Der christliche Sozialarbeiter wird sich in dem Maße auf den Betroffenen einlassen können, wie er ihn auch loslassen und sich von ihm frei machen kann. Es kann nur „ja" sagen, wer auch „nein" zu sagen vermag.

Der andere als Du – nicht als Objekt

Für den christlichen Helfer ist der andere ein Du, kein Objekt. Der Helfer ist Partner für den Betroffenen in der Auseinandersetzung um das Leben. Wir können dem hilfsbedürftigen Menschen helfen, Fehlerquellen in sich aufzudecken und Fehlverhalten abzubauen. Wir können ihm Anstöße geben, sein Leben neu zu gestalten. Wir können ihm zuhören und ihm auch Orientierung geben. Aber wir können ihn nicht „behandeln". Behandeln können wir Verletzungen, aber behandeln kön-

nen wir nicht einen Menschen. Er ist ein Subjekt, kein Gegenstand, an dem wir etwas verändern können.
Der christliche Helfer kann keine Behandlung planen, sondern nur Entwürfe für den ihm anvertrauten Menschen entwickeln, um mit ihm zusammen in einem dialogischen Prozess die richtigen Lösungen zu finden. Der Betroffene selbst wird dazu hingeführt werden müssen, die Verantwortung für sein Leben und auch für die Hilfen, die er benötigt, zu ergreifen.
Wir können den Betroffenen nicht auf ein Ziel hintrimmen, das wir uns vorgenommen haben – auch nicht auf das Ziel eines zum Glauben bekehrten Menschen hin. Wir würden ihn bei solcher Handlungsweise nicht achten und ernst nehmen und ihn letztlich seiner Menschenwürde berauben.
Der Betroffene braucht auch nicht den Fachmann, der in seine Seele schaut. Gerade der Mensch, der in Not ist, will nicht den überlegenen Fachmann, der ihn analysiert. Er braucht eine Vertrauensperson, die ihn nicht beobachtet, sondern sich in ihn einfühlt und ihm hilft, sich, seine Handlungsweisen und sein Leben zu verstehen. Er braucht nicht den Profi, der über ihm steht, sondern einen fachlich fundierten Menschen, der ihm wie ein älterer Bruder zur Seite steht. Er will nicht den cleveren Seelenchirurgen, der ihn auseinander nimmt, sondern den Vater, der ihn annimmt und aufnimmt. Er braucht den guten Hirten, der ihm Orientierung gibt. Durch den Fachmann, der sich über ihn erhebt, wird er verletzt.
Der Betroffene schreckt zurück, wenn er nur ein Fall ist. Er will nicht „Fall“ sein, sondern Mensch, Bruder. Der Mensch wird tief verletzt, wenn er merkt , dass er nur ein Fall ist.

Beziehung und Begegnung

Für den christlichen Sozialarbeiter geht es darum, den betroffenen Menschen zu begegnen und Beziehung zu ihnen aufzunehmen. Er will den Menschen Freund, Berater und Begleiter sein, der mit ihnen ein Stück des Weges geht. Das kann nicht geschehen, wenn er eine „Beziehung“ eingeht, die nach Büroschluss endet. (Das bedeutet, wie schon gesagt, nicht, dass er nicht auch sein Recht auf seine freie Zeit, seine Erholung, seine eigene Familie, in Anspruch nehmen darf.)

Der christliche Helfer begegnet im Hilfsbedürftigen auch Christus selbst, der sich gerade mit den Geringsten identifiziert: „Ich war krank, und Ihr habt mich besucht, ich war gefangen, und Ihr seid zu mir gekommen, ich war obdachlos, und Ihr habt mich aufgenommen, ich war nackt, und Ihr habt mich bekleidet …"
In dieser Ehrfurcht vor dem Menschen und auch im spirituellen Wissen um die Gegenwart Gottes im andern wird er ihm begegnen. Jede menschliche Begegnung wird für den christlichen Helfer auch eine spirituelle Begegnung sein, eine Begegnung mit Gott. Immer wieder wird er sich darum bemühen, dies zu erfassen, um so ständig neu in dieses Geheimnis einzutauchen, das auch das Geheimnis der Menschwerdung Gottes ist.

Professionalität als Hilfe

Die Professionalität wird für den christlichen Sozialarbeiter kein Vorwand sein, sich menschlich dem Betroffenen gegenüber zu verschließen, sondern sie wird ihm Hilfe sein in der Begegnung. Er will dem Hilfsbedürftigen als Mensch (Christ) und als Fachmann begegnen, ihm geistliche, menschliche und fachliche Hilfe gewähren, so wie er offen und zugänglich ist. Die Fachlichkeit aber wird ihm auch helfen, sich nicht in ein ungutes Beziehungsgewirr hineinziehen zu lassen.
Es wird wichtig sein, dass der Helfer die Beziehung zum Hilfsbedürftigen fachlich wie menschlich (und geistlich) klar beurteilt. Sein Wissen zum Beispiel um psychologische Vorgänge wird ihm eine Hilfe sein, Prozesse, die ablaufen, zu durchschauen.

Stärkung durch den Glauben

Durch den Glauben erfährt der Helfer aber auch eine Stärkung in seinem Dienst. Der Glaube wird ihm helfen, auch seine eigenen Grenzen zu ertragen und auch mit den Niederlagen der ihm anvertrauten Menschen zurecht zu kommen. Im Leiden um den Menschen in Not und auch im Leiden an seinem möglichen Scheitern wird er sich mit Jesus Christus vereinen können.
Die Not des anderen, auf den er sich einlässt, wird teilweise auch seine eigene Not werden, wenngleich er sich bemühen wird, sich vor unguten

Identifizierungen frei zu machen. Er wird es lernen müssen, mit dieser Not zu seinem Gott zu gehen, um bei ihm Heilung auch für sich selber zu suchen und immer wieder von Neuem in die Liebe seines Herrn und Erlösers einzutauchen, um selbst wieder in der Liebe erneuert zu werden.

Die Grenzen des Machbaren

Der christliche Helfer weiß um die Grenzen des Machbaren. Er bringt seine fachlichen und menschlichen Möglichkeiten ein, aber er weiß, dass das, was er anstrebt, letztlich nicht „machbar" ist. Im letzten sieht er sich als ein Werkzeug Gottes an, in dessen Dienst er sich zu stellen sucht.

Das Entscheidende kann im Dienst am Menschen nicht ‚gemacht' werden. Was erreicht wird, hängt für den christlichen Sozialarbeiter nicht nur von der Offenheit des andern ab, sondern auch von der Gnade Gottes, nach der er sich auch immer wieder auszustrecken sucht. Er weiß: Wenn etwas Entscheidendes beim ihm anvertrauten Menschen geschieht, dann ist das nicht nur der Erfolg seiner eigenen Bemühungen, sondern im letzten ein Geschenk der Gnade.

Leiter oder Diener

Der notleidende Mensch unserer Tage braucht den Menschen, der ihn aus seiner Not herausführt und der ihm Auswege aus seiner Lage zeigt. Der orientierungslose Mensch unserer Zeit braucht den Menschen, der ihm Orientierung gibt. Er braucht den, der Orientierung gibt durch das Beispiel seines Lebens.

Er bedarf des Menschen, der in dienender Liebe bereit ist, für ihn dazusein, und der ihm gerade durch diese dienende Liebe den Weg weist. Der notleidende Mensch braucht den Menschen, der ihn führt. Aber er kann keinen Menschen gebrauchen, der alles besser weiß.

Er braucht den Menschen, wie Jesus Christus ihn gezeichnet hat. Den Führer, der dient. „Wer euer aller Leiter sein will, der soll euer Diener sein." Jesus hat seinen Jüngern sogar die Füße gewaschen. Der Auftrag der Leitung wird uns von Jesus als Weg zur dienenden Hingabe gedeutet. So soll der christliche Sozialarbeiter denen, die ihm anvertraut werden, dienen. Er soll sie nicht bevormunden, sie nicht reglementieren, sondern einfach für sie da sein. Dienen und dennoch den Weg weisen. Auch klar Stellung nehmen und dem Bösen gebieten, wenn es nötig ist, so wie Jesus nicht nur barmherzig war, sondern auch „klar Text" mit den Schriftgelehrten und den Händlern im Tempel geredet hat.

Der Sauerteig der Liebe

Die Liebe ist das Salz, das die Speise erst fruchtbar macht. Die dienende und doch führende Liebe. Liebe ist die Kraft, die alles lebendig macht. Sozialarbeit ist tot, wenn sie ohne Liebe ist. Die Liebe erweckt zum Leben. Fachwissen, Fachkompetenz wird erst wirksam durch die Liebe, den Strom des Lebens, ohne den alles in der Erstarrung bleibt; sie ist die Kraft, die die verhärteten Herzen erweichen, die Sünder zur Umkehr bewegen vermag.

Die Liebe ist die Autorität, deren der soziale Helfer bedarf. Es gibt keine wirkliche Autorität ohne die Liebe. Autorität ohne Liebe erzeugt nur Angst und macht unfrei. Sie belässt den Gefangenen in dem Gefängnis, in dem er ist. Sie sperrt ihn womöglich noch mehr ein. Dienende Autorität aber macht es dem Menschen möglich, sich fallen zu lassen, zu vertrauen, neu anzufangen. Dienende Autorität öffnet die Tore, die versperrt sind, wenn der Mensch zur Umkehr bereit ist. Liebe überzeugt mehr als Gewalt, das Beispiel des Lebens mehr als gute Worte. Nur der Mensch, der in der Liebe lebt, kann zur Liebe hinführen und damit den Weg weisen aus der Knechtschaft, die aus Egoismus und Sünde besteht.

Die eigene Befreiung und Umkehr

Der christliche Sozialarbeiter darf nicht der Blinde sein, der den Blinden führen will. Er muss ein Mensch sein, der sich selbst auf seinen Weg eingelassen, der selbst an sich gearbeitet hat. Es darf nicht einer sein, der im anderen die eigenen Fesseln zu behandeln versucht, aber der Veränderung des eigenen Lebens ausweicht. Wer Menschen vom Rande dient, der schaut in ihnen in einen Spiegel. Nicht nur sie sind Gefangene, sondern auch wir selbst. Nicht nur sie sind Gebundene,

sondern auch wir. Nicht nur sie sind in Abhängigkeiten, sondern auch wir können in unserem Leben Abhängigkeiten erkennen, Gebundenheit an Dinge oder an Menschen.
Wir können uns am besten mit Menschen auf den Weg machen, wenn wir uns selbst auf den Weg eingelassen haben, auf den Weg in die Freiheit. Es ist wichtig, dass wir uns unsere eigenen Ängste, unsere Unvollkommenheiten, unser Verstricktsein, ja unsere Unversöhntheit eingestehen, und dass wir an uns selber arbeiten. Dass wir uns selbst auf den Weg in die Freiheit machen, diesen Weg, den wir den anderen zeigen wollen. Wir werden als Betroffene, die selbst an den grundsätzlichen Lebensfragen arbeiten, dem anderen mehr zu sagen haben, als die nur Wissenden, die sich über sie stellen, und die ihnen theoretische Antworten geben, die richtig sind, aber nicht gelebt werden. (Jesus sagt über die Schriftgelehrten: Hört auf ihre Worte, doch achtet nicht auf ihre Taten).
Die Betroffenen spüren sehr wohl, wer mit seinem ganzen Leben hinter Aussagen steht und wer sie lebt, und sie können mit geringen Antworten, die gelebt werden, mehr anfangen als mit den besten Theorien. Der christliche Sozialarbeiter ist gerufen, den Weg in die Freiheit zu gehen. Er soll den Menschen, die er führen will, vorausgehen. Auch an sich zu arbeiten. Auch seine Verstrickungen zu lösen. Und es ist gut, wenn er nicht den Perfekten spielt, sondern wenn er dem anderen übermittelt, dass er selber auf dem Weg ist. Der andere wird spüren, wenn wir diese Erfahrung haben. Sie lässt uns erst authentisch werden. Wenn das, was wir sagen, von uns auch gelebt wird, wird es ihn ermutigen. Es wird ihm auch Mut machen, den Weg in die Freiheit zu gehen, weil wir ihm schon vorausgegangen sind.
Der christliche Sozialarbeiter unterscheidet nicht zwischen denen, die heil sind und jenen, die unheil sind. Er ist selbst ein Mensch, der seine eigene Heilungsbedürftigkeit erkannt hat, und der ein Stück den Weg seiner eigenen Heilung gehen durfte. Er ist dankbar, dass er auf diesem Weg anderen Menschen, die in Not sind, beistehen darf. Das Hauptwissen für seine Arbeit bezieht der christliche Sozialarbeiter aus seinem eigenen Leben, aus seinen Lebenserfahrungen, aus seiner eigenen Auseinandersetzung mit seinen Schwächen und seinem Versagen. Der christliche Sozialarbeiter stellt sich dem Leben, der Wahrheitssuche, der eigenen Überprüfung, der eigenen Läuterung, der eigenen Reinigung und Veränderung.

Er hat sich auf den Weg gemacht. Er ist aus seiner Sklaverei ausgezogen, er sucht seinen Weg in die Freiheit. Er selbst will nicht Gebundener sein, weder gebunden von Dingen noch von Menschen, noch von eigenen Zwängen, noch von eigener Schuld. Er selbst will Mensch sein. Bevor er über die Probleme der anderen redet, hat er über seine eigenen gesprochen. Bevor er anderen Ratschläge erteilt, hat er sich Ratschläge geben lassen.

Er vermittelt nicht die Weisheiten aus seinen Lehrbüchern, sondern die Erfahrungen, die er selber im Leben gemacht hat auf dem Weg der Umkehr, auf dem Weg seiner eigenen Bekehrung. Es sind Erfahrungen, die er durch sein Fachwissen fruchtbar machen und ergänzen kann für die Menschen und die sich mit den Erkenntnissen in den Lehrbüchern decken werden. Er lebt aus der Erfahrung seiner eigenen Umkehr. Er rät nicht seinen sogenannten Klienten, dass sie sich von Süchten freimachen sollen, wenn er nicht sich selber von dem abgewandt hat in seinem Leben, das ihn gebunden hat. Haben nicht die meisten von uns ein Leben geführt, in dem auch wir der Wahrheit ausgewichen sind und eine Rolle gespielt haben? Der christliche Sozialarbeiter weiß, dass er selber neu werden muss, wahrhaftig werden muss, wenn er anderen wirklich dienen will. Er hat begonnen, sich mit seinen Problemen auseinander zu setzen und auch anderen gegenüber seine Schwächen einzugestehen und Masken abzulegen.

Die eigene Bekehrung

In diesen Menschwerdungsprozess hat sich der christliche Sozialarbeiter begeben. Er hat sich entschlossen, den Weg der Liebe zu wagen, denn allein die Liebe macht frei. Wie einst das Volk Israel hat er Ägyptenland verlassen und sich auf die Suche nach dem Gelobten Land begeben. Dem Land der Verheißung, jener Verheißung, die in unserer Seele wohnt, und die von einem anderen Leben spricht als jenem, in dem wir in der Welt, in dieser unserer Gesellschaft, gefangen sind. Wie die Weisen aus dem Morgenland hat er die alten Zelte abgebrochen und sich auf den Weg begeben, auf den ihn der Stern in seiner Seele führen will. Die Wahrheit, die in uns ist. Das Gewissen, das uns führt. Und wie die Weisen aus dem Morgenland ist er an der Krippe angelangt und hat den Messias der Welt gefunden, Jesus Christus, den Erlöser, der uns freimacht von Egoismus, Angst und Schuld, der uns erlöst. Er ist Jesus

begegnet, der Glaube an Jesus ist nicht mehr nur Weltanschauung für ihn. Er hat Jesus gefunden, eine Beziehung zu ihm bekommen.
Diese Begegnung mit Jesus hatte ihn in seinem Innersten erschüttert; das ist die zentrale Erfahrung seines Lebens. Es brannte in seinem Herzen und er weiß, dass seine Seele das gefunden hat, was sie sucht. In Jesus hat er ein Zuhause gefunden. Jesus geleitet seine Seele heim aus der Fremde zurück ins Paradies, ins Reich des Vaters, aus dem die Seele kommt und in das sie zurückbegehrt. Sein Verlangen ist es geworden, diesen Weg Jesu, diesen Weg der Liebe Jesu zu gehen. Er hat seinen Herrn erkannt. Der Weg, der der Weg, die Wahrheit und das Leben ist, ist sein Weg geworden. Er will nicht mehr nur nach christlichem Vorbild leben, sondern er will mit Jesus Christus leben und ihm dienen.
Wir sind allerdings nicht schon Christen, wenn wir uns bekehrt, dass heißt auf Jesus Christus eingelassen haben. Die Bekehrung als bewusste Hinwendung zu Jesus ist nur der Anfang eines langen Weges. Wer neu geboren ist in Jesus, der ist noch lange nicht fertig. Er ist neu geboren, das neue Leben hat begonnen. Doch wie der neu geborene Mensch ist der neu geborene Christ erst am Anfang. Er ist Kind, nicht nur Kind Gottes, sondern auch Kind des Glaubens. Und dieses Kind muss erst erwachsen werden. Es muss Sicherheit finden im neuen Leben, Wurzeln fassen, ein Fundament bekommen. Es muss sich einführen lassen in diesen Glauben, in dieses ganz andere Leben, das seine Verankerung nicht mehr in der Welt hat, sondern in Gott.

Aufbruch in eine neue Wirklichkeit

Es ist ein Leben aus dem Glauben, aus der lebendigen Christusbeziehung. Es ist ein Leben, das den Tod, den Egoismus, die Feindschaft zu überwinden versucht. Dieses Hineinwachsen in das Glaubensleben, in das Liebesleben mit Gott und den Menschen, ist die Grundschule für den christliche Sozialarbeiter. Er braucht diese Grundschule, um das Entscheidende zu lernen, das er für den Dienst an seinen Mitmenschen braucht. Er braucht vor allem die lebendige Verbindung zu Jesus Christus, von dem die Liebe kommt. Und er muss es lernen, in dieser Verbindung zu bleiben. Die Schule des Glaubens ist eine Schule der Liebe.
Unser Ausbildungswesen lässt leider dieses Grundstudium der Liebe weitgehend außer Acht. Das ist der Grund, warum so viele Schiffbruch erleiden, die Sozialarbeit leisten sollen und wollen, aber ohne Liebe sind.

Sie werden Funktionäre, doch im eigentlichen Sinne funktionieren sie nicht. Sie sind wie Kinder, die an der Universität unterrichtet werden sollen, ohne je eine Volksschule besucht zu haben.
Der christliche Sozialarbeiter kennt die Unversöhntheiten seines eigenen Lebens. Unversöhntheiten mit sich selbst, mit anderen Menschen, mit Gott. Er geht ihnen auf die Spur. Er duldet nicht den Frieden, der kein Frieden ist, sondern sucht wirklich Versöhnung. Er bemüht sich um Versöhnung. Weil Unversöhntes unfrei macht und gefangen sein lässt. Er hungert nach Versöhnung, weil Unversöhntes das Leben erstickt. Er hält alles Unversöhnte Gott hin. All das, was in ihm nicht in Ordnung ist, damit er es aufdecken möge. Er bekennt das Unversöhnte, das er erkennt vor Gott und auch vor Menschen und er ringt um Versöhnung. Er ringt auch um die Gabe des Verzeihens, und er hält jeglichen Hader, der in ihm steckt, Gott hin. Er hält Gott all die Wunden seines Lebens hin, die noch nicht verheilt sind. Er weiß um der heilenden Kraft Jesu, und er macht von ihr Gebrauch.
Er bittet den Herrn, alles in ihm zu heilen, was noch unheil ist. Mit jeder eigenen Verletzung seines Lebens geht er zu Jesus und bittet ihn, dass er ihm die Hände auflegen und ihn segnen möge, und dass er das Dunkle von ihm nehme, das noch in ihm ist. Er lässt die Heilkraft Jesu in seine Seele fließen, damit sie alles reinige, was noch unrein ist und alles heile, was noch unheil ist. Jesu Liebe ist der Balsam, der sich in seine Seele eingießt und der alles heil zu machen vermag. Doch in gleicher Weise, in dem der christliche Helfer sich um seine eigene Heilung bemüht, versucht er auch, den anderen zu dienen. Er ist bereit, sich auch als Unfertiger mit den anderen Unfertigen auf den Weg zu machen, zu Christus hin.
So wie der Glaube ein Weg ist, so ist auch christliche Sozialarbeit ein Weg. Er beginnt nicht erst mit der Glaubensgewissheit, sondern fängt an mit unserer eigenen existentiellen Suche und mit unserem Interesse an der Person und Botschaft Jesu.

Sozialarbeit als Berufung

Für den christlichen Sozialarbeiter ist sein Dienst nicht nur Beruf, sondern auch Berufung. Er übt nicht nur einen Job aus, mit dem er Geld verdient, sondern handelt nach dem, was in seinem Herzen brennt. Er hat die Liebe Gottes empfangen und will sie weitergeben. Die Sehn-

sucht, Menschen zu dienen, ist die Triebkraft seines Handelns und der Beweggrund für seine Berufsentscheidung.
Wenn der christliche Sozialarbeiter die Liebe nicht mehr hat, ist er letztlich fehl am Platz. Wenn sein Beruf nur ein Job ist, dann ist er zum Mietling geworden, zum bezahlten Knecht, wie es in Jesu Gleichnis vom guten Hirten heißt. Vom Glauben her aber ist er berufen, ein guter Hirte zu sein. Mietling wird er nicht dadurch, dass er ein Gehalt bekommt, sondern dadurch, dass sein Herz nicht bei den ihm anvertrauten Menschen ist.
Der christliche Sozialarbeiter weiß sich von Gott berufen und stellt sich bewusst in seinen Dienst. Er weiß sich nicht nur seinem Dienstgeber gegenüber verantwortlich, sondern auch seinem Gott gegenüber – und den Menschen gegenüber, die ihn brauchen.
Er will nicht nur selber etwas Gutes tun, sondern auch verfügbar sein und durchlässig für Gottes Wirken in unserer Zeit.

Wo christliche Sozialarbeit beginnt

Christliche Sozialarbeit beginnt aber nicht erst, wenn der kirchliche Mitarbeiter sich bewusst im Glauben verankert hat und aus dem Glauben heraus dient. Sie fängt dort an, wo ein Helfer aus Liebe seinen Dienst tut, und wo er sich in Hingabe anderen Menschen zuwendet.
Der christliche Sozialarbeiter kann durchaus selbst ein Suchender sein – einer, der noch nicht gefunden hat, der Gott noch nicht gefunden hat. Wenn er aufrichtig ist und aus aufrechtem Herzen dient, wird er im Sinne der christlichen Sozialarbeit wirken. Er wird ein anonymer Christ sein, wie Karl Rahner es einmal formuliert hat, weil er durch sein Handeln dem Geist Jesu entspricht, auch wenn er Ihn selbst noch nicht kennt.
Hüten wir uns vor der Versuchung des Klerikalismus, der auf äußere Normen schaut, aber nicht ins Herz sieht. Ein gläubiger evangelischer Christ ist ein besserer Mitarbeiter für eine katholische Einrichtung als ein Taufscheinkatholik, der mit dem Herzen fern von Gott ist. Und ein Mitarbeiter, der liebend ist, steht Jesu und seinem Auftrag näher als ein Kirchgänger, der sein Herz gegenüber den Menschen verschlossen hat.
Eine kirchliche Einrichtung kann liebende Mitarbeiter, die nicht so sehr im Glauben verankert sind, leichter verkraften als fromme Heuchler.

Echtsein und Liebe sind die wichtigsten Voraussetzungen für den christlichen Helfer. Natürlich darf von einem kirchlichen Mitarbeiter erwartet werden, dass er offen gegenüber dem Glauben ist und in Ehrfurcht religiösen Anliegen begegnet. Aber er soll das Recht haben, sich in Freiheit auf das Geheimnis des Glaubens zuzubewegen. Nicht an seinen Einstellungen, sondern an seiner Echtheit und seiner Liebe (und natürlich auch an seiner Fachlichkeit) sollte er gemessen werden.

Noch ein offenes Wort: Wenn die kirchliche Sozialarbeit wirkliche Gläubigkeit bei ihren Mitarbeitern voraussetzen wollte, müsste sie die meisten ihrer Einrichtungen schließen. Das ist aber nicht notwendig, weil auch jene Mitarbeiter im Sinne des Evangeliums handeln, die im Namen der Kirche den Menschen Gutes erweisen, auch wenn sie nicht so sehr gläubig sind. So kann es zu einer engen und echten Kooperation kommen zwischen christlichen Sozialarbeitern, die sich auf den Weg des Glaubens eingelassen haben, und jenen, denen das Geheimnis des Glaubens fremd ist, die aber den Weg der Liebe einschlagen. Von den betroffenen Menschen werden beide gebraucht. Die geistlich Suchenden und Gläubigen unter ihnen werden den gläubigen Sozialarbeiter brauchen. Den Fernstehenden, denen wir auch als Kirche dienen wollen, kann auch der helfen, der seine Heimat nicht in der Kirche hat. Gott braucht alle.

5. Das christliche Menschenbild

Das christliche Menschenbild, worin besteht es? Jesus selbst hat dieses Bild gezeichnet. Wenn wir auf Ihn schauen, werden wir erkennen, wie sein Menschenbild aussieht. Die Liebe ist der Beweggrund des christlichen Sozialarbeiters für sein Tun.

Christus im Bruder

Christus selbst begegnet ihm in den Brüdern, die in Not sind, und denen er dienen soll; freilich ein oft vergewaltigter, eingeschlossener, schrecklich entstellter Christus. Christus, der unter die Räuber gefallen ist. „Was ihr dem Geringsten meiner Brüder getan habt, das habt ihr mir getan“, sagt Jesus. Der Heiland und Herr der Welt identifiziert sich mit jedem Menschen, auch mit dem Hässlichsten, auch mit dem Verstoßensten, auch mit dem Verkommensten. Ihn schmerzt die Knechtschaft des anderen. Wie sehr dieser Jesus unter dem Elend der Menschen leidet, zeigt er, indem er den Kreuzweg auf sich nahm, um für uns zu sühnen und uns aus der Gewalt der Finsternis herauszuholen.
Die Dunkelheit mag noch so groß sein – in jedem Menschen ist verborgen Christus. Das weiß der christliche Helfer und dafür kämpft er, dass dieser verborgene Christus frei wird. Das ist der Auftrag, den Christus selbst übernommen hat. Das ist der Auftrag eines jeden, der im Namen Jesu anderen Menschen dienen will. Es geht um den Menschen, aber auch um den verborgenen Christus, der in jedem Menschen steckt; um das verschüttete Göttliche, das in uns ist; um Gott selbst, um Jesus in uns. Der Anteil, den wir an Gott haben, an dem Schöpfer der Welt, an unser aller Vater, dessen Kinder wir sind.
Der christliche Sozialarbeiter weiß, dass Gott in jedem Menschen ist. Nichts vermag ihn über dieses Wissen hinwegzutäuschen. Die größte Finsternis nicht, nicht das größte Versagen, die Böswilligkeit des Menschen nicht. Und dafür tritt der christliche Helfer ein, dass dieser verborgene Christus im Menschen wieder frei wird. Das ist seine vornehmste Aufgabe, das ist sein allererster Auftrag. Das ist der Dienst, dem er sich in ganzer Liebe hinzugeben sucht. Auch im Wissen, dass ihm dies oft

nicht gelingt, weil er an seiner eigenen menschlichen Schwachheit und Unzulänglichkeit und auch am anderen scheitert.
Dieses Wissen begleitet den christlichen Sozialarbeiter in all seinem Tun. Das Wissen, dass Gott in jedem Menschen ist, und dass er Christus in jedem Menschen zu begegnen vermag. Christus ist in der Gefangenschaft. Er ist in der Gefangenschaft, er ist aber da. Christus ist da, auch wenn er unsichtbar ist. Gott ist Wirklichkeit auch in diesem Menschen, der uns so sehr zum Ärgernis geworden ist. Christus ist da, auch wenn wir nur Finsternis sehen. Er ist da, auch wenn wir nur Bosheit erleben. Christus ist in den sogenannten Klienten, die in Wirklichkeit unsere Brüder sind. Christus ist im Schwachen. Christus ist im Verbrecher. Christus ist im Zuhälter. Christus ist in der Prostituierten.

Befreiung der Gefangenen

Es geht nicht nur um den Menschen, es geht auch um Christus: dass Christus im Menschen wieder frei wird, dass die Ketten gesprengt werden, die Gott in der sündigen menschlichen Natur gefangen halten. Der Christ findet sich nicht mit der Knechtschaft ab. Er will, dass Gott frei ist auch im Bruder. Er tritt ein für die Freiheit seines Gottes wie für die Freiheit seines Bruders. Er kämpft um die Befreiung des Gefangenen als ginge es um seine eigene Freiheit. Denn es ist seine Freiheit. Die Freiheit des Bruders ist die Freiheit Christi. Die Freiheit Christi aber ist die Freiheit des Christen, der eins ist mit Christus. Wo ein Glied leidet, da leidet der ganze Leib. (Paulus).
Entgegen der scheinbaren Wirklichkeit, die das Gesicht des Herrn verzerrt hat, verliert der christliche Sozialarbeiter nicht den Glauben an den unsichtbaren Christus im anderen, an die verborgene Wirklichkeit, die durch die Bosheit der Sünde entstellt worden ist.
Das Wissen um den verborgenen Christus genügt dem christlichen Helfer. Er wird immer diesen verborgenen Christus im Bruder suchen, was auch geschehen mag. Und er wird nicht bereit sein, den Bruder auf das Bild festzuschreiben, das dieser in seinem Versagen zeigt, denn er glaubt daran, dass dieses Versagen überwunden werden kann, und dass dann das Christusähnliche in ihm Wirklichkeit wird. Der christliche Sozialarbeiter sieht das Scheitern des Bruders. Sein Verstricktsein, seine Not und auch seine Bosheit. Er sieht die Finsternis im anderen, doch er glaubt an das Licht in ihm. Er schreibt die Finsternis nicht fest, son-

dern strebt danach, sie zu überwinden, damit das Licht Christi wieder hervorbrechen kann. Der christliche Helfer hat immer diese doppelte Wirklichkeit im Blick. Die augenscheinliche, in der das Gesicht des Menschen in der Regel verzerrt und entstellt ist, und die verborgene, die seinem Wesen entspricht. Dem Wesen, das von Gott kommt. Der Christ glaubt, dass der Mensch von seinem Wesen her gut ist. Er glaubt daran, dass die verlorengegangene Wirklichkeit wiederhergestellt werden kann und darum kämpft er.

Der Glaube an das Gute

Er schreibt den Menschen nicht im Schlechten fest, sondern erkennt dieses als Entgleisung, als wesensfremde Handlung, für deren Überwindung er alle seine Möglichkeiten zur Verfügung stellt. Dieser Glaube an das Gute im Menschen unterscheidet den christlichen Sozialarbeiter von vielen Zeitgenossen, für die der Versager ein Versager bleibt und der Lump ein Lump, der Verbrecher ein Verbrecher. Der andere ist ein Kind Gottes und es geht ihm, dem Helfer, darum, dass diese Gotteskindschaft wiederhergestellt wird, dass der Bruder nicht ein Kind der Welt und ein Opfer der Finsternis bleibt.

Das Gute im anderen, den Christus, sieht er als einen verborgenen Schatz, der versunken ist und der wieder gehoben werden muss. Er erblickt das Verkümmerte, das Gescheiterte und erbarmt sich seiner. Er bietet sich dem Bruder, der Schwester an, den versunkenen Schatz in ihm heben zu helfen. Und ihm bei der sicher sehr schwierigen Aufgabe beizustehen, das Gute freizusetzen und die Herrschaft des Schlechten zu beenden.

So wird der christliche Sozialarbeiter dem Menschen Partner für das Gute. Er ist nicht neutral. Er ist Partei. Partei für das Gute. Partei für den verborgenen Christus. Partei gegen das Schlechte im anderen, gegen die Finsternis. Partei für Gott, für Jesus Christus. Er bietet sich an als Partei und fordert den anderen dazu heraus, selbst Partei zu ergreifen für das Gute und, sofern er ihn erkennt und sich auf ihn einzulassen wünscht, für Jesus Christus. Er fordert ihn heraus, seine Partei für das Schlechte zu beenden oder seine Parteilosigkeit, die keine wirkliche Neutralität ist, weil sie ihn letztlich dem Dunklen ausliefert.

Das wahre Gesicht zeigt für den Christen der Mensch nie in seiner Entgleisung, sondern in seiner Reinheit, in seiner Gottesebenbildlichkeit.

Die eigentliche Ursache für das Versagen des Menschen im Leben ist nach Auffassung des christlichen Helfers nicht die Umwelt, sondern das eigene Versagen des Menschen, dessen Sünde. Der christliche Helfer verkennt nicht die Gewalt der Verhältnisse und ihre Auswirkungen auf den Menschen. Er leugnet nicht, dass Menschen durch Bedingungen eingeengt und in ihrer Entfaltung behindert werden, und dass Unfreiheit von der Gesellschaft kommt. Er verkennt nicht die Macht der Einflüsse und das Ausgeliefertsein durch Manipulationen. Doch der Schlüssel zur Befreiung ist für den christlichen Helfer die Erkenntnis der eigenen Schuld und die Umkehr der Betroffenen.

Der Christ leugnet nicht die Auswirkungen der Umwelt auf das Leben der Menschen, aber er ist sich darüber im klaren, dass letztlich der Mensch an seiner eigenen Schuld, an seinem eigenen Versagen, an seiner eigenen Unversöhntheit scheitert, und dass er dies erkennen muss, um frei zu werden und um neu beginnen zu können auch in einer entfremdeten Umwelt. Es ist dem christlichen Sozialarbeiter fern, dem Betroffenen die alleinige Schuld für seine Misere zu geben. Ihn gewissermaßen zum Sündenbock zu machen. Er weiß aus Erfahrung, wie oft ein Mensch durch seine Mitmenschen in die Ausweglosigkeit getrieben wird.

Doch er weiß auch, dass Selbstmitleid und Mitleid dem Betroffenen nicht helfen. Dieser muss vielmehr die volle Verantwortung für sein Leben übernehmen, auch unter den schwierigen Bedingungen, in denen er sich befindet, und auch in den Notlagen, in die er geraten ist. Er weiß, dass das Versagen der anderen und die Umstände, die er vorfindet, nicht das eigene Versagen rechtfertigt. Die Wurzel für das Scheitern der Menschen ist für den Christen die Sünde. Die eigene Sünde und auch die Sünde der anderen, die Unversöhntheit.

Auch der Mensch, der an der Umwelt scheitert, wird schuldig. Er wird schuldig dadurch, dass er sich der Umwelt in den Härten, die sie ihm auferlegt, nicht stellt, sondern sich ihr entzieht. Er wird schuldig, indem er den Menschen, die ihn gekränkt, verletzt oder ihm Schaden zugefügt haben, nicht verzeiht und in der Unversöhntheit verharrt. Er wird schuldig, indem er sich dem Leben verweigert, weil dieses für ihn schwer geworden ist. Er wird schuldig, weil er aufgibt; weil er sich oder andere Menschen aufgibt und sich der Verantwortung für sein Leben entzieht.

Jeder Mensch gerät in seinem Leben in Situationen der scheinbaren oder tatsächlichen Überforderung. Oft sind es Situationen, an denen andere schuldig oder mitschuldig sind. Doch das rechtfertigt nicht die Kapitulation des Betroffenen, auch wenn es sie verständlich macht. Niemand wird freilich das Recht haben, über den zu urteilen, der aufgegeben hat.

Aufarbeitung und Vergebung

Die Überforderung der Situation kann für ihn Anlass zur Resignation sein, kann aber ebenso Herausforderung werden, das Leben zu meistern und über sich hinauszuwachsen. Dem einen wird die Situation zur Stärkung, dem anderen zum Verhängnis. Der christliche Sozialarbeiter wird mit dem Betroffenen die Ursachen seines Scheiterns aufarbeiten und dabei auch das Versagen der Umwelt erkennen. Er wird sich aber verweigern, beim Versagen der anderen stehen zu bleiben und er wird dem Betroffenen helfen, seine eigene Schwäche zu erkennen. Er wird ihn auch stützen, die Realität und das Versagen der anderen anzunehmen und damit fertig zu werden. Und er wird ihm zeigen, wo er mit der Veränderung der Lage anzusetzen vermag: nämlich bei sich selbst, bei der Aufarbeitung und Überwindung der eigenen Schuld und durch das Fertigwerden mit den widrigen Umständen.

Der christliche Sozialarbeiter weiß, dass das Gift im Leben eines Menschen die Sünde ist, die eigene Schuld. Er weiß, dass die Schuld der anderen nicht notwendigerweise ein Menschenleben zerstören muss, dass vielmehr die Zerstörung erst ansetzt, wenn die Schuld mit Schuld, Gewalt mit Gewalt erwidert wird. Wer Schuld mit Vergebung erwidert, ist geschützt; so nimmt der christliche Helfer den Betroffenen als Subjekt ernst, als Partner und er weigert sich, ihn zum Objekt zu machen, zum Objekt der Verhältnisse, denen er scheinbar hilflos ausgeliefert ist.

Mensch nicht Produkt der Umwelt

Der Mensch ist für den Christen mehr als nur ein Produkt der Umwelt. Er ist ein Wesen, das verantwortlich für sein Tun ist und entscheiden kann, allen Bedingtheiten des Lebens zum Trotz. Es ist der Auftrag des Menschen, sich den Umwelteinflüssen zu entziehen, die ihn manipulieren und auf einen schlechten Weg bringen. Es ist der Auftrag des Menschen, jenen Einflüssen standzuhalten, die ihn in seiner

menschlichen Entfaltung zu beeinträchtigen suchen. Es ist der Auftrag des Menschen, Herr der Schöpfung zu sein und nicht ihr Knecht zu werden, der sich den Umweltbedingungen ausliefert.
Der Christ kann dem infantilen Gerede von der Umwelt, ihrer absoluten Macht über den Menschen und ihrer alleinigen Verantwortung über das Schicksal des einzelnen nicht zustimmen. Er nimmt den Menschen ernst. Er entmündigt ihn nicht und nimmt ihn in die Verantwortung für sein Leben. Er nimmt ihn ernst als Herr seines Lebens, und er fordert ihn heraus, diese Herrschaft für sein Leben anzutreten. Der Christ macht das Spiel nicht mit, bei dem Menschen versuchen, die Verantwortung für ihr Leben auf andere Menschen, auf die sogenannte Umwelt, auf die Gesellschaft abzuwälzen.
Er schreitet ein, wenn der Mensch sich selbst zum bloßen Umweltprodukt zu machen sucht und seine Befähigung leugnet, die Umwelt zu meistern und mitzugestalten und ihr standzuhalten. Statt sich zu entmündigen und sich selbst zu bemitleiden, soll der Mensch Verantwortung übernehmen für sein Leben und das der anderen. Das ist der Weg, den der christliche Helfer weist. Der Betroffene soll die Umwelt gestalten, statt sich von ihr bestimmen zu lassen, sich nicht bedauern, sich nicht gehen lassen; handeln, mündig werden. So ist christliche Sozialarbeit Erziehung zum Mündigsein, Erziehung zur Verantwortung, Widerspruch zum Selbstmitleid. Die Kinder der Welt behaupten, dass die Not des Menschen eine Folge der gesellschaftlichen Verhältnisse sei, in denen er lebt, dem stimmen die Kinder Gottes nur bedingt zu. Für den Christen ist die Not des Menschen seine Begrenztheit, seine Zerrissenheit, eine Folge der Erbsünde.

Die Folgen der Erbsünde

Der Christ glaubt, dass es das Paradies gegeben hat, den Zustand des Friedens und der Liebe, den Zustand der Einheit mit Gott, wonach sich die menschliche Seele sehnt. Und er geht davon aus, dass dieser Urzustand unterbrochen worden ist durch die Ursünde des Menschen, der sich aus der Liebesgemeinschaft mit Gott, wie auch immer, begeben hat. Diese Ursünde ist zur Erbsünde geworden. Sie vererbt sich von Geschlecht zu Geschlecht. Die gesellschaftlichen Verhältnisse sind für den Christen eine Folge der Erbsünde, sie sind Verfestigung der Sünde. Die Sünde ist Realität geworden, die sich fortpflanzt. Es sind sündige

Verhältnisse entstanden, die die Sünde anstelle der Liebe zur Norm haben werden lassen. Diese sündigen Verhältnisse aber sind es, durch die der Mensch zu Fall kommt.

Nicht die gesellschaftlichen Verhältnisse an sich werden ihm zum Verhängnis, sondern jene, in denen die Sünde sich manifestiert. Wie die Erbsünde entsteht und sich fortpflanzt, kann der christliche Sozialarbeiter in seiner Arbeit erfahren. Oft begegnet ihm die Sünde des Vaters, die sich in der Sünde des Sohnes fortsetzt. Der Vater, der seine Familie unterdrückt und seine Kinder schlägt, versündigt sich an ihnen. Er schafft die Wirklichkeit des Bösen in ihrem Leben, verdunkelt ihr Leben und weckt das Dunkle in ihrem Leben. Er weckt Gefühle von Hass und Resignation, die sich eines Tages bei den Kindern in ähnlicher Weise entwickeln können und oft genug entwickeln, wie sie beim Vater aufgetreten sind, indem sie in Formen der Flucht vor dem Leben in Erscheinung treten.

So pflanzt sich die Sünde fort, manchmal von Generation zu Generation. Wir erleben das bei Alkoholikern, deren Kinder wiederum Alkoholiker werden oder bei Drogensüchtigen. Wir erleben das bei Menschen, die in asozialen Verhältnissen aufgewachsen sind und die diese Verhältnisse weitergeben von Generation zu Generation. Sünde schafft Wirklichkeit. Sünde schafft sündige Wirklichkeit; das sind die Verhältnisse, unter denen wir leiden.

Wir müssen aber auch erkennen, dass letztlich nicht die Verhältnisse das Problem sind, sondern die Sünde, die diese Verhältnisse gebiert. Sicher, wir müssen auch die sündigen Verhältnisse bekämpfen. Doch wir können das nur tun, wenn wir gegen die Sünde auftreten. Der Christ macht nicht die Verhältnisse zum Buhmann für die Dinge, die im Leben schief gehen. Er nennt die Ursache beim Namen. Es ist die Sünde. Die Sünde, die auch die sündigen Verhältnisse schafft. Er packt das Problem bei den Wurzeln an, bei der Sünde und nicht bei den Symptomen, bei den Verhältnissen. Er greift den Krankheitsherd an und nicht nur das äußere Erscheinungsbild der Krankheit.

Die Macht der Sünde

Der Christ glaubt an den Urzustand der Einheit des Menschen mit Gott, der durch die erste Sünde unterbrochen worden ist. Durch die Sünde ist der Mensch aus der Einheit mit Gott herausgeschleudert

worden. Die Sünde, die Abspaltung von Gott, ist die tiefste Ursache seiner Zerrissenheit, seiner Entwurzelung. Die Gottferne des Menschen hat eine innere Bodenlosigkeit zur Folge. Das Fernsein von der Liebe aber bewirkt das Nahsein von Abhängigkeiten, in denen Ersatz-Geborgenheit, Ersatz-Zufriedenheit, Ersatz-Feeling gesucht werden.
Der Mensch hat nach der Erkenntnis der Christen den Bannkreis Gottes, in dem er geborgen war, verlassen und ist in den Bannkreis der Finsternis geraten. Er hat die Liebeseinheit verlassen und ist in den Sog dieser Dunkelheit gekommen. Er hat sich von Gott entfernt und ist dem Teufel auf den Leim gegangen. Er hat sich vom Guten entfernt und dem Bösen ausgesetzt. Das Vertrauen ist in ihm geschwunden und die Ängste haben sich breit gemacht. Die Liebesfähigkeit ist in ihm verkümmert, Egoismus und Begierden aber haben ihren Raum eingenommen.
So wie viele Söhne von den Vätern die Sünden erben, so erbt jede neue Generation die Sünden der vorhergehenden Generationen, so erbt das Volk von heute die Sünden des Volkes von gestern. Die Macht der gesellschaftlichen Verhältnisse – jener die sündig sind – sind auch den Christen eine Last, doch er erkennt sie als Folge der Erbsünde, als Folge des Aussteigens des Menschen aus der Liebesgemeinschaft mit Gott. Entsprechend glaubt der Christ nicht an eine positive Veränderung allein durch Strukturveränderungen.

Wandel durch Umkehr

Für den Christen gibt es nur einen Wandel durch Umkehr, durch eine Änderung der Gesinnung, durch eine Abwendung vom Bösen und eine neue Hinwendung zum Guten. Die Verzweiflung aber, die viele bei der Reflexion der gesellschaftlichen Verhältnisse erfasst, teilt der Christ nicht, obwohl er die Not derer teilt, die unter diesen Verhältnissen leiden. Denn er weiß, dass es einen Ausweg aus diesen Verhältnissen gibt und dass sie schon überwunden sind, obgleich wir ihnen noch in voller Weise ausgesetzt sind.
Der Christ glaubt daran, dass diese Verhältnisse bereits besiegt sind durch Jesu Christi Tod am Kreuz und seine Auferstehung, die die Erbsünde überwunden haben. Und er weiß, dass dieser Sieg in dem Maße geschieht, ganz konkret, indem Menschen sich selbst auf Jesus einlassen und die Erlösungstat des Herrn wirksam werden lassen; das ist sein Glaube; das ist seine Erfahrung.

Die Freiheit des Menschen

Der christliche Sozialarbeiter betont die Entscheidungsfreiheit des Menschen, wenngleich er nicht leugnet, dass diese Freiheit häufig genug durch Manipulation beeinträchtigt wird. Er weiß, dass dem Menschen durch äußere Umstände die Freiheit nie ganz zu nehmen ist. Nur der Mensch kann sie sich ganz nehmen lassen, indem er sich beugt, sei es den äußeren Umständen, sei es den Bedrängnissen, sei es den eigenen Versuchungen.

Selbst wenn der Mensch in Ketten liegt, kann er – Märtyrer haben es bewiesen – seiner Freiheit nicht beraubt werden. Der Christ sieht die innere Freiheit des Menschen und er schätzt sie höher ein als alle äußeren Gegebenheiten. Er sieht die freie Seele des Menschen, der in Christus ist und der weiß, dass er am Werk der Erlösung Anteil hat. Der christliche Helfer verzagt nicht, weil er sich mit Jesus Christus, dem Erlöser der Welt verbündet und sich in den Kampf gegen die Not und die gesellschaftlichen Umstände, die diese Not verursachen, begibt.

Der christliche Sozialarbeiter vertraut dem Menschen, und er vertraut Gott. Er vertraut der Fähigkeit des Menschen, die Knechtschaft zu verlassen und frei zu werden. Und er traut dem Menschen mehr zu als den Verhältnissen, und er lebt in der Gewissheit, dass die Verhältnisse besiegt werden, wenn der Mensch sich zu seiner Freiheit entschließt und den Weg seiner Menschwerdung beschreitet. Der christliche Sozialarbeiter vertraut Gott im Menschen. Er vertraut dem Guten im Menschen, er vertraut Christus im Menschen und weiß, dass die Veränderung der Wirklichkeit beginnt, wenn dieser Christus im Menschen gerufen wird und zu handeln anfängt.

Der schöpferische Mensch

Der christliche Helfer glaubt an den Menschen als ein schöpferisches Wesen, das selbst Schöpfung mitgestalten kann und das zum Schöpferischen berufen ist. Ihm geht es um die Berufung des Menschen. Er glaubt daran, dass jeder Mensch eine Berufung hat, er glaubt daran, dass jeder Mensch Möglichkeiten hat, sein Wesen voll zur Entfaltung zu bringen. Er arbeitet darauf hin, dass der Betroffene sich und sein Leben neu anzunehmen lernt.

Der christliche Sozialarbeiter will nicht aus dem Menschen irgend etwas machen. Er will nichts in den anderen hineinprojizieren. Er will vielmehr das Verborgene, das in diesem ist, heben helfen, den verborgenen Schatz. Damit der Mensch Mensch werden kann. Er will freischaufeln, was verschüttet ist, wecken, was verkümmert ist, nichts einreden.

Die Sicht der Ewigkeit

Es unterscheidet den Christen vom Nichtchristen, den religiösen vom nichtreligiösen Menschen, dass er nicht nur das Leben in dieser Zeit sieht, sondern die Sicht vom ewigen Leben hat. Das hat Konsequenzen für die Arbeit des Sozialarbeiters, der sich vom Glauben an Jesus Christus leiten lässt. Ihm geht es nicht nur um Hilfe für den Menschen in seinen diesseitigen Nöten. Ihm geht es letztlich auch um das Heil des Menschen, um seine Erlösung, um sein Freiwerden für das ewige Leben.

Der Christ sieht nicht nur den Körper. Er sieht auch die Seele des Menschen. Ihn bewegt nicht nur die Vergänglichkeit, sondern auch die Unvergänglichkeit des Menschen. Die Befreiung, um die der Christ kämpft, geht über alle anderen Befreiungsversuche hinaus, denn es geht darum, auch die Ketten zu sprengen, die am ewigen Leben zu hindern vermögen.

Damit soll nicht gesagt werden, dass der Christ nur den Blick für die Ewigkeit hat, die Nöte der Zeit aber übersehen darf. Das wäre ebenso einseitig und verengend wie jene Sichtweise, die nur das diesseitige Leben des Menschen erfasst. Der Christ hat beides im Blick, Diesseits und Jenseits. Er ist der Samariter, der in diesem Augenblick hilft, in dem Not besteht. Er schenkt Liebe und er stellt keine Rechnungen darüber an, ob sie dauerhaft ist oder gar ewige Früchte tragen wird. Doch obwohl er den Augenblick lebt und im Augenblick dient, sieht er die Ewigkeit. Er weiß, dass die zeitliche Hilfe nicht genügt, dass das gegenwärtige Wohlbefinden für das Leben eines Menschen zu wenig ist, und dass es letztlich auch um dessen Bereitung für die Ewigkeit geht, für das ewige Leben.

Achtung vor dem Ungläubigen

Damit ist nicht gemeint, dass der christliche Sozialarbeiter in jedem Falle missionarisch im engeren Sinne handeln soll, indem er das

Wort Gottes denen verkündet, die ihm anvertraut sind. Er wird dies nicht tun, wenn der andere nicht offen ist, sondern dessen Nein zum Glauben achten und nichts überstülpen. Er wird nicht verschlossenen Herzen die frohe Botschaft bringen, für die diese gar nicht zugänglich sind. Er wird nicht das Wort Gottes dadurch entwerten, dass er es anderen wie einen Jahrmarktsartikel aufzuschwätzen versucht.
Für den christlichen Sozialarbeiter ist die frohe Botschaft von der Erlösung durch Jesus Christus etwas Heiliges, mit dem er in Ehrfurcht umzugehen sucht und das er nicht anzupreisen vermag wie der billige Jakob seine Artikel. Wohl weiß er, dass diese Botschaft für jeden Menschen von fundamentaler Bedeutung ist. Doch er bewahrt sich und andere davor, diese Botschaft in den Geruch einer Ideologie zu bringen, die in penetranter Weise aufgeschwätzt wird. Heiliges drängt sich nicht auf, sondern es verschenkt sich. Geschenke nötigt man nicht auf, sondern man gibt sie dem, der offen für sie ist und sie dankbar annimmt.

Der Umgang mit dem Leid

Es geht dem Christen um das Heil, auch wenn er der Heilung dient. Es geht ihm um die Erlösung und das Losgelöstwerden von allen Bindungen, die die zeitliche und die ewige Vollendung hindern.
Auch der christliche Sozialarbeiter versucht, Leiden zu lindern. Für den Christen kann das Leiden auch dem Heile dienen, dem Reifwerden im Leben, dem Heilwerden im Sinne der Erlösung.
Der Christ wird sich um Heilung bemühen, doch wenn diese nicht geschieht, wird er dem Betroffenen beistehen, das Leiden anzunehmen, sein Kreuz zu tragen und es so zu seiner Reifung und Vollendung zu nutzen. Für den Christen hat das Leiden den Stachel verloren, den es für den Nichtchristen hat. Er lernt im Laufe seines Lebens, wenn er den Weg mit Gott geht, damit umzugehen. Er kann es fruchtbar machen, es lindern und heilen helfen und aufschließen für die Ewigkeit.

6. Ziele christlicher Sozialarbeit

Aus dem Menschenbild, das der christliche Sozialarbeiter hat, leiten sich Ziele für seinen Dienst ab. Ziele für die christliche Sozialarbeit. Sie decken sich zum Teil mit den Zielen, die auch der weltliche Sozialarbeiter hat, aber sie sind auch ganz eigene Ziele. Nicht nur die christliche Weltsicht, sondern auch die Verbundenheit mit Jesus Christus und seine Liebe zu den Menschen lässt ihn anders mit den Betroffenen umgehen. Das christliche Lebensmodell gibt ihm eine eigene Ausrichtung. Durch die christliche Weltsicht, aber auch durch die Verbindung mit Jesus Christus bekommt er eine eigene Schau des Lebens und eine eigene Orientierung. Er formt seine Ziele anders als sein weltlicher Kollege.

Bruder-Beziehung

Der christliche Sozialarbeiter strebt grundsätzlich Beziehung zu dem ihm anvertrauten Menschen an. Der andere ist nicht für ihn ein Klient, zu dem er ein distanziertes Verhältnis hat. Er ist nicht Fall, sondern er ist Bruder; ja mehr noch, Christus selbst ist im anderen Menschen; Christus ist im Bruder. Er lässt sich auf diesen Bruder ein, auf diesen anderen Menschen und er lässt sich auch auf Christus im Bruder ein.
Die Begegnung mit dem anderen ist nicht die Begegnung eines Therapeuten mit dem Klienten. Er ist nicht der Fachmann, der sich einem Fall zuwendet. Er lässt sich ein als Mensch auf den Menschen, mit ganzer Hingabe, mit den Möglichkeiten seiner ganzen Person, nicht nur mit seinen Fachkenntnissen. Er lässt sich ein auf einen Menschen, für den er sich zu öffnen sucht.
Da ist ein Mensch, der in Not ist und der ihn braucht und zu dem er gerufen ist. Diesem Ruf stellt er sich. Er ist da. Da für den anderen und da für Christus, der im anderen auf ihn wartet. Der christliche Helfer ist verfügbar. Verfügbar für den Menschen, der ihn braucht. Verfügbar mit den fachlichen und institutionellen Möglichkeiten, die er hat. Verfügbar aber auch als Mensch, der bereit ist, seine Liebe einem anderen Menschen zuzuwenden. Verfügbar auch als Christ, der bereit ist, im Namen Jesus Jesu dem anderen zu begegnen. Und für ihn auch vor dem Thron Gottes einzutreten.

Vertrauen

Der christliche Helfer ist bereit, sich einzulassen, soweit er es vermag. Er gibt dem anderen Ratschläge, wenn er Ratschläge braucht, Hilfe, wenn er Hilfen braucht, Informationen, wenn er ihm mit Informationen dienen kann. Und er öffnet dem anderen sein Herz, wenn dieser ein geöffnetes Herz braucht und wenn beide merken, dass sie Vertrauen zueinander fassen können. Dem einen wird der christliche Sozialarbeiter weitgehend funktional helfen, jenem, der nur seine funktionale Hilfe sucht. Er wird vielleicht dennoch für ihn beten, auch wenn das ganz verborgen ist.
Dem anderen aber, der einen Menschen braucht, mit dem er sich aussprechen kann, wird er ganz als Mensch zu begegnen suchen. Er wird Anteil nehmen an seinem Schicksal. Ihn anzunehmen suchen in seiner Not, Begrenztheit und in seinem Leiden. Ihm zuhören und ihn zu verstehen suchen. Er will ihm Bruder sein oder Vater und ihm brüderlich zur Seite stehen. Er bemüht sich darum, dem anderen sein Herz zu schenken. Er versucht, sich in den anderen einzufühlen und Anteil zu haben auch an seinen Leiden. Und er sucht mit ihm nach Möglichkeiten, dieses Leiden zu überwinden und zu meistern.

Eigenes Leben einbringen

Der christliche Helfer bringt sich nicht nur als Fachmann in die Begegnung ein, sondern auch als Mensch. Er erwidert das Vertrauen, das der andere ihm entgegenbringt, indem er sich persönlich in die Begegnung einbringt. Das soll nicht heißen, dass er jedem, der ihm seine Lebensgeschichte erzählt, nun auch einen Bericht über sein Leben gibt. Schon gar nicht braucht er sich verpflichtet fühlen, dem anderen gegenüber, der ihm seine Probleme erzählt, nun auch eigene Probleme anzusprechen. Aber er bringt sich mit seinem Leben und seinen Erfahrungen ein, so wie der andere sich mit seinem Leben einbringt. Jeder dort, wo er steht. Kann er dem anderen mit seinen Erfahrungen dienen, so tut er es. Kann er ihm mit Ratschlägen dienen, so tut er dies. Genügt es, dass er dem anderen einfach zuhört, dann begnügt er sich damit.
Der christliche Helfer bringt sich persönlich aus seinem eigenen Erfahrungsschatz ein, aus seinen Lebenserfahrungen. Er teilt sich mit, wie er in ähnlichen Konfliktsituationen verfährt. Er weiß sich selber als Betrof-

fener, weil auch er gegen Probleme zu kämpfen hat, die nicht gut sind. Weil auch er Stunden der Dunkelheit mitgemacht hat. Weil auch er Dinge als Ersatz gewählt hat. Und er bringt sich ein aus seinen Erfahrungen und lässt so den anderen Anteil nehmen an den Möglichkeiten, die er selber gefunden hat, mit Lebenskonflikten fertig zu werden.

Auf den Menschen einlassen

Für den christlichen Sozialarbeiter gibt es keine spezielle Methode, sei sie direktiv, sei sie nondirektiv. Es gibt für ihn den Menschen, auf den er sich einlässt. Jeder Mensch aber ist verschieden und es gibt nicht für alle ein Patentrezept. Einer braucht die Anteilnahme, der andere ein klares Wort, vielleicht sogar heftige Kritik. So wie Paulus den Juden ein Jude zu sein suchte und den Griechen ein Grieche, so will der christliche Sozialarbeiter dem Menschen der sein, den er jetzt braucht. Er will der sein, der ihn abholt, wo er steht.

Methodisches Wissen ist für den christliche Sozialarbeiter ein Werkzeug, das er einsetzt. Er wird sich aber nicht an Methoden orientieren, sondern am Menschen, dem er begegnet. Er wird versuchen, sich in den anderen einzufühlen und aus diesem Einfühlen heraus zu erkennen, was notwendig ist. Aus der inneren Verbindung kann er am besten wahrnehmen, was der andere braucht.

Mensch des Herzens

Der christliche Helfer ist nicht in erster Linie Methodiker. Er ist ein Mann des Herzens. Ein Mensch der Intuition. Nicht zu verwechseln mit dem Gefühlsmenschen, der rein emotional reagiert. Gefühl und Intuition sind Verschiedenes. Der Gefühlsmensch lässt sich von seinen Emotionen treiben. Der intuitive Mensch ist der hörende Mensch. Er ist einfühlsam und versucht, aus dem Einfühlen zu erkennen.

Dieses Erkennen ist nicht nur ein menschlicher Vorgang, sondern auch ein geistlicher, denn der christliche Helfer wird aus der Verbundenheit mit Jesus Christus handeln. Er wird versuchen, den anderen mit den Augen Jesu anzusehen. In dieser Verbindung mit Christus wird er anders wahrnehmen als der Mensch, der nicht mit Christus verbunden ist. Es wird eine tiefere innere Wahrnehmung sein, die wir letztlich nicht

schlüssig erklären können. Die Wahrnehmung des Herzens und der Seele. Sie muss sich decken auch mit den Wahrnehmungen des Verstandes, auch mit den Methoden. Letztlich werden die Früchte zeigen, wie fundiert die Wahrnehmungen sind.
Christliche Sozialarbeit ist eine Begegnung, ein Geschehen. Nicht ein rein dienstlicher oder sachlicher Vorgang, sondern ein menschliches „Ereignis". Wie tief dieses „Ereignis" ist und inwieweit Beziehungen zwischen den Beteiligten entstehen, hängt einerseits von der Situation ab, andererseits von der Offenheit des anderen und zum Dritten von den Grenzen, die die Zeit dem christlichen Helfer setzt.

Einlassen auf Beziehung

Er wird natürlich mit dem Menschen, der ihn beim Ausfüllen eines Formulars braucht, anders umgehen als mit jenem, der persönliche Hilfe sucht. Mangelnde Zeit braucht der Helfer, der Beziehung aufnimmt, nicht zu fürchten, obwohl Beziehungen sehr in Anspruch nehmen. Denn gerade von dem Menschen, mit dem er sich auf eine Beziehung einlässt, kann er erwarten und verlangen, dass er auch Anteil an seinem eigenen Leben nimmt und ihn mit seinen begrenzten Möglichkeiten annimmt.
Er muss dem anderen nicht sagen, dass seine Therapiestunde um ist; er kann ihm vermitteln, dass andere ihn jetzt brauchen. Und der Betroffene wird verstehen, dass er ihn nicht alleine in Anspruch nehmen kann. Und wenn er dies nicht verstehen will, dann muss er es lernen. So ist es nicht notwendig, dass der Dienst der Beziehung die Grenze setzt. Die Grenzen werden natürlich, so wie in anderen Beziehungen auch, in denen jeder auf den anderen Rücksicht nehmen muss, damit sie fruchtbar bleiben.
Der Betroffene aber gewinnt auf diesem Weg mehr als einen Betreuer oder Therapeuten. Er gewinnt einen Freund, einen Bruder, einen Vater, eine Mutter. Je nachdem, wie sehr er sich selber einlässt. Er gewinnt vielleicht das, was er verloren hat und was er lernen muss zurückzugewinnen. Er gewinnt einen Menschen, der mit ihm neu den Versuch wagt, der in der Vergangenheit vielleicht gescheitert ist. Es muss keine dauerhafte Freundschaft sein. Es kann eine Freundschaft sein, die im gegenwärtigen Moment lebendig und gültig ist und so auch in die Zukunft wirkt. Der christliche Helfer beschränkt sich nicht auf die Analyse der

Situation des Betroffenen und gibt ihm dann die Empfehlung, dass er Beziehungen braucht. Er lässt sich selber auf die Beziehung mit dem anderen ein. Ja, er setzt sich ihr aus, auch mit all den Schwierigkeiten, die beim Neuversuch von Beziehungen entstehen, die vorher schon einmal gescheitert sind. Aber er lenkt natürlich auch zu Beziehungen zu anderen Menschen hin. Er bemüht sich zu verhindern, dass ein Mensch sich auf ihn selber fixiert.

Er lässt sich auf Beziehung ein, doch er arbeitet nicht darauf hin. Er ist bereit, Beziehung entstehen zu lassen, doch er steuert nicht Beziehung um jeden Preis an. Der christliche Sozialarbeiter versucht nicht, Beziehungen zu machen. Beziehungen sind für ihn etwas Natürliches, sie entstehen oder sie entstehen nicht. Beziehungen werden geschenkt, keiner kann sie machen. Sie lassen sich nicht ansteuern, forcieren. Sie ergeben sich, wenn Menschen füreinander offen sind. Menschen schenken sie einander und sie werden von Gott geschenkt.

Begegnung mit dem inneren Menschen

Die entscheidende Waffe, die der christliche Sozialarbeiter einsetzt, das ist die Waffe der Liebe. Der Weg der Liebe ist die Grundvoraussetzung für Vertrauen. Nur in einer liebenden Umgebung kann ein Mensch sich einem anderen anvertrauen. Nur in der Atmosphäre der Liebe und der Annahme. So wird der christliche Helfer den anderen Menschen suchen und ihm seine Liebe schenken wollen. Er sucht ihn mit seinem Herzen und er bemüht sich darum, das Herz des anderen aufzuspüren. Er sucht das Innerste im anderen, seinen Kern, und lässt sich darauf ein.

Er weckt gewissermaßen das Herz des anderen durch das Vertrauen und die Liebe, durch die Anteilnahme, die er ihm schenkt. Er berührt das Verborgene im anderen und setzt es durch diese Berührung, wenn dieser dafür offen ist, frei. Die Offenheit des christlichen Helfers kann für den Betroffenen das Signal werden sich zu öffnen. Es ist das Signal, das Vertrauen weckt. Vertrauen ist nicht machbar. Es ist da, es wird geschenkt. Die Offenheit aber ist ein Weg dazu. Vertrauen ist eine Haltung, die die Mauern einreißt, durch die Menschen getrennt werden. Mit dieser Haltung des Vertrauens und der Offenheit begegnet der christliche Helfer dem Menschen, für den er berufen ist. Das ist kein blindes Vertrauen, sondern ein sehendes Vertrauen. Der Sozialarbeiter gibt keinen Blankoscheck. Er gibt nicht Menschen Vertrauen, die des Vertrauens nicht würdig sind. Schon gar nicht drängt er sein Vertrauen auf und biedert sich an.

Haltung der Ehrfurcht

Der christliche Sozialarbeiter hat Ehrfurcht vor dem Menschen und in Ehrfurcht geht er mit dem Vertrauen um. So nimmt er es nicht, sondern er lässt es sich schenken. Er zieht niemanden aus, indem er ihn unter den Zwang setzt, sich zu öffnen, sondern er überlässt es ganz dem anderen, wie weit er aus sich herausgeht. Er lässt ihn kommen. Er unterlässt gruppendynamische Spielereien, mit denen gewissermaßen gewaltsam an der Fassade anderer Menschen herumgekratzt wird.
Die Waffe des Christen ist die Liebe, nicht der Druck. Und nur die Liebe erlaubt es ihm, sich dem anderen zu nähern. Das bedeutet nicht, dass er dem anderen um jeden Preis „weich" begegnet und die Auseinandersetzung scheut. Im Gegenteil. Die Liebe kann es verlangen, in Konflikt zu gehen. Sie kann es auch erfordern, dem anderen die Maske vom Gesicht herunterzureißen. Doch es ist entscheidend, in welchem Geist solche Auseinandersetzung geschieht; ob der andere entlarvt wird, oder ob er in Liebe auf seine Fehler aufmerksam gemacht wird.

Der Raum der Liebe

Wichtig ist, ob der Raum der Liebe gegeben ist, der solche Kritik zulässt. Ohne diesen Raum wird Kritik zerstörerisch. Die Liebe schenkt dem christlichen Helfer die Freiheit, Wahrheiten anzusprechen und auszusprechen, die, würden sie nicht in Liebe gesagt, verletzen würden. Wo Offenheit ohne Liebe praktiziert wird, werden Menschen verletzt.
Nicht immer wird der christliche Helfer Liebe zum anderen haben. Wenn er aber ohne Liebe ist, dann lässt er die Finger von den Wunden der anderen, denn er will nicht in deren Wunden rühren, sondern ihnen helfen. Er will andere nicht verletzen, sondern aufbauen. Wenn er das nicht vermag, dann tut er gut daran, sich zurückzunehmen und zurückzuhalten bis seine Liebe so weit ist, dass er sich kritisch äußern kann, ohne zu verletzen. Das Vertrauen ist die Kraft, die ihn mit dem

anderen Menschen verbindet. Das Vertrauen macht ihn durchsichtig für den anderen und den anderen für ihn. Das Vertrauen hilft einander zu erkennen. Es ermöglicht Menschen, einander nahe zu sein, transparent füreinander zu werden. Das Vertrauen reißt die Mauern ein, die zwischen Menschen bestehen und es lässt Blinde sehend werden. Das Vertrauen verschafft Zugang zum Menschen, Zugang zum eigentlichen Menschen, den oft niemand kennt. Zum verschütteten Menschen. Zum verborgenen Christus. Der Vertrauende lernt den guten Kern dessen kennen, dem er vertraut und er hilft vielleicht, diesen Kern frei zu legen. Mit dem Auge des Vertrauens und der Liebe sieht der Helfer den Menschen anders als jene, die ihn nur mit dem Auge des Verstandes betrachten, ihn an seinen Taten messen und nach seinem Versagen beurteilen und verurteilen. Auch sie sehen Wahrheit, aber eine andere Wahrheit als jene, die der Vertrauende erkennt.

So wie der Vertrauende die Wahrheit des Guten in einem Menschen wachruft, so weckt der Mensch, der nicht vertraut und der sich an der Schuld der anderen, an den Splittern im Auge festhält, in ihnen das Schlechte. Beide schaffen somit eine Wirklichkeit und sie nehmen dem anderen Raum zum Leben oder sie geben ihm welchen. Sie helfen ihm im Prozess der Befreiung oder sie stürzen ihn in den zerstörerischen oder selbstzerstörerischen Prozess, in dem er steckt.

Echtheit

Voraussetzung dafür, dass Vertrauen entstehen kann, ist Echtheit. Echtheit ist aber nur möglich, wenn der betroffene Mensch auch den Menschen, der ihm zu helfen versucht, wahrnehmen kann. Wenn der andere ihm nur als Rolle begegnet, als Mensch aber verborgen bleibt, dann blockiert dies das Freiwerden des eigenen Innern.

Der einfachste Weg, dass Menschen so sein können, wie sie sind, ist es, wenn sie Menschen begegnen, die so sind, wie sie sind. Menschen, die sich auch menschlich zeigen. Es tut dem Betroffenen gut, wenn der Helfer sich zeigt mit seinen Empfindungen, mit seinen Gefühlen und wenn er selber seine Maske ablegt und keine Rolle spielt, ja wenn er Einblick gewährt auch in sein eigenes Leben.

Der einfachste Schlüssel zu echten Beziehungen ist es, wenn Echtheit gelebt wird. Das Echte löst das Echte aus, so wie Verschlossenheit auch zu Verschlossenheit führt. Wenn Menschen sich begegnen, die „zu“ sind,

dann verschließen sie einander. Wenn Menschen aufeinander zugehen, die offen sind, so öffnen sie einander. Wenn Menschen echt sind, dann löst der eine beim anderen diese Echtheit aus.
Das ist nicht nur ein Weg, der vom Helfer zum Betroffenen führt. Nicht selten ist das auch ein Weg, der vom Betroffenen zum Helfer führt. Gar mancher Betroffene löst durch seine Echtheit auch beim Menschen, dem er begegnet, Echtheit aus. Jeder, der an der Begegnung teilhat, kann diese Begegnung bestimmen zur Öffnung hin oder auch zur Absonderung hin.
Die Echtheit ist das unverzichtbare Fundament, auf dem christliche Sozialarbeit steht. Diese Echtheit müssen wir vielfach ganz neu lernen, weil wir es gewohnt sind, uns in Rollen einzuüben und Masken zu tragen.

Hinführung zur Umkehr

Der christliche Helfer lässt sich auf den Betroffenen ein und sucht mit ihm gemeinsame Wege aus dessen Not und Bedrängnis. Er lässt ihn diese Not aussprechen, gibt ihm Gelegenheit, seine Erfahrungen und auch seine Leiden mitzuteilen, gibt ihm Gelegenheit, die Verletzungen, die er erlitten hat, zu äußern.
Der christliche Helfer wird jedoch nicht bei der Analyse stehen bleiben. Es wird ihm nicht genügen festzustellen, woher die Not eines Menschen seine Ursache hat. Es wird ihm darum gehen, diese Ursache, und wenn sie noch so tief ist und schwer wiegt, zu überwinden. Die Ursache der Not ist oft die Verletzung durch andere Menschen. Es genügt dem Betroffenen nicht, wenn er dies weiß. Er braucht einen Weg, um mit dieser Verletzung fertigzuwerden.
Dieser Weg ist für den Christen der Weg der Umkehr und der Versöhnung. Die Umkehr ist der Schlüssel, mit dem der Betroffene aus seinem eigenen Gefängnis herauskommen kann. Aus dem Gefängnis seiner eigenen Schuld. Wenn er erfasst, wo sein Anteil liegt am Scheitern von Beziehungen, am Scheitern des Zusammenlebens mit anderen Menschen, dann kann er einen Weg finden, die Beziehungen anders zu gestalten, vielleicht sogar neu zu gestalten. Das hilft ihm und es hilft ihm, wenn er Versöhnung sucht. Versöhnung mit den Menschen, gegenüber denen er schuldig geworden ist und Versöhnung vielleicht auch gegenüber Gott. Versöhnung befreit. Sie ist ein wunderbarer Schlüssel in die Freiheit.

Der Weg der Versöhnung

Versöhnung ist auch ein Weg, mit der Schuld anderer Menschen fertig zu werden. Das ist ein Weg, den ganz besonders der Christ kennt. „Richtet nicht, damit ihr nicht gerichtet werdet“, sagt Jesus. Und wir beten im Vater Unser: Und vergib uns unsere Schuld, wie auch wir vergeben unseren Schuldigern.
Die Vergebung ist der Schlüssel in die Freiheit. Der Schlüssel für mich selbst und der Schlüssel für den anderen. Vergebung ist die Waffe, aus dem Gefängnis der Verstrickung in Schuld wieder herauszukommen. Ohne Vergebung ist die Analyse der Schuld anderer Menschen tödlich. Wir werden uns deren Versagen bewusst, vielleicht ihrer Bosheit, vielleicht ihrer Aggression, und das nährt nur die eigenen dunklen Empfindungen. Die Analyse von der Schuld anderer, die uns verletzt haben, ist nicht heilmachend und freimachend, wenn dieser Analyse nicht die Vergebung und Versöhnung folgt.

Die Schuldigen verstehen lernen

Der christliche Helfer wird sich darum bemühen, dem Menschen auch diejenigen verständlich zu machen, die ihm gegenüber schuldig geworden sind. Er wird vielleicht auf deren Elend hinweisen. Auf ihre Unzulänglichkeit. Und wird vielleicht so im Betroffenen auch das Erbarmen für den anderen, der ihm weh getan hat, freisetzen helfen.
„Wie auch wir vergeben unseren Schuldigern“ – das ist der Schlüssel. Wer selbst ist unschuldig von uns? Wer ist derjenige, der den ersten Stein zu werfen vermag? Wenn wir das den Menschen bewusst machen, die in einer Haltung der Anklage gegenüber den Schuldigen leben, dann können wir ihnen helfen neu freizuwerden.

Nicht richten, sondern retten

Wer kann richten? Wir alle brauchen nicht das Gericht, sondern die Rettung. Das ist die Botschaft Jesu und das ist auch die Botschaft, die die Christen in unserer Zeit weitergeben können.
Die ungerechten Verhältnisse sind erdrückend. Unrecht, das wir selber erlitten haben, fügt uns große Bedrängnis zu. Doch es hilft nicht, auf die-

ses Unrecht zu schauen. Es genügt nicht, es zu analysieren und Umwelt oder Gesellschaft anzuklagen. Wir brauchen einen Weg aus dieser Gefangenschaft. Wir können lange warten, bis Umwelt und Gesellschaft sich wandeln. Wir müssen einen Weg finden, mit Unrecht und Gesellschaft fertig zu werden. Einen Weg, der nicht Anklage ist, sondern Vergebung, Versöhnung. Es ist der Weg der Liebe.

Die heilende Kraft der Vergebung

Der christliche Sozialarbeiter kennt die Macht der Sünden und weiß, wie sehr die Sünden unser Leben vergiften und einen Wandel nicht zulassen. Wenn ein Mensch zum Beispiel sagt, dass er nicht vertrauen kann, weil er von Menschen enttäuscht worden ist, dann wird er diesem Menschen sagen, dass er verzeihen und auch jene in ihrem Versagen annehmen soll, die ihm nicht gerecht geworden sind.

Wenn sich ein anderer in Drogen oder Alkohol geflüchtet hat, so wird er ihn ermuntern, nicht mehr davonzulaufen, sondern sich seinem Leben zu stellen. Wenn ein Dritter durch das Milieu, in dem er verkehrt, manipuliert wird, so wird er ihn auffordern, sich aus diesem zweifelhaften Freundeskreis zu lösen und eine neue Umgebung zu suchen.

Der christliche Helfer erforscht, wodurch das Negative Macht im Leben eines Menschen bekommt. Er deckt die Sünden auf, besonders die verborgenen und ermutigt den Betroffenen, in den Kampf gegen diese Fehlhaltungen einzutreten.

Die Unterscheidung zwischen Gut und Böse

Der Christ kennt die Versuchungen des Menschen, auch wenn sie in getarnter Gestalt auftreten, und er kann seinen Mitmenschen helfen, sie zu entlarven. Er weiß um den Unterschied zwischen Gut und Böse – eine Unterscheidung, die unseren Zeitgenossen weitgehend verlorengegangen ist. Er kann dem anderen, der dies nicht so zu differenzieren vermag, dabei helfen, das aufzuspüren, was ihm und auch anderen Menschen schadet.

Dabei wird er nicht notwendigerweise von Sünde sprechen und damit einen Begriff gebrauchen, der für viele ein Reizwort ist, weil sie die wahre Bedeutung nicht verstehen. Sondern er wird möglicherweise zunächst vom Negativen sprechen, das uns schadet und das uns beherrscht. Er wird keine Lehrsätze verkündigen, die der andere ohnehin nicht begreifen kann, sondern ihn am eigenen Leben konkret aufzeigen, was ihn in den Abgrund zieht. So wird er auch Abhängigkeiten entlarven, die oft genug in der Gestalt der Liebe aufzutreten suchen.

Die Unterscheidung der Geister

Er wird den verborgenen Egoismus aufdecken, der sich hinter den Ansprüchen auf Mitmenschen verbirgt, von denen mancher sich vormacht, dass er sie lieben würde, während er sie in Wirklichkeit nur besitzen und für sich ausbeuten will. Wenn die Liebe zwischen Menschen nicht rein ist, so wird der christliche Sozialarbeiter dies wahrnehmen und er wird in Liebe den Finger auf die wunden Stellen legen, in die sich der Egoismus eingeschlichen hat. Er wird Begierden, die sich als Liebe tarnen, beim Namen nennen und er wird das Streben nach „Feeling" vom Gefühl der Liebe wohl zu unterscheiden wissen.

So hilft er dem Betroffenen zur Unterscheidung zwischen Gut und Böse, die ihm hilft, sich freizumachen von den dunklen Kräften, denen er ausgeliefert ist. Bei allem aber wird der christliche Sozialarbeiter seinen Bruder auffordern, eine klare Entscheidung zu treffen gegen das alte Leben und für das neue noch unbekannte Leben.

Der Christ weiß, dass wir den alten Mächten ausgeliefert bleiben, wenn wir uns nicht klar gegen sie entscheiden. Wenn der christliche Helfer auch dem Nichtchristen und dem erkalteten Christen meist nicht sagen kann, dass er sein Leben Gott schenken soll, so kann er ihm doch klar machen, dass er das alte Leben lassen soll. Das aber wird dem neuen Leben die Tür öffnen.

Der christliche Helfer wird den Betroffenen ermuntern, alle Türen zuzumachen, durch die das alte Leben wieder in ihm aufbrechen kann. Er wird ihm deutlich machen, dass dies das neue Leben in ihm frei werden lässt, und dass er dadurch den Tod überwinden kann, der ihn gefangen nimmt.

Umkehr zur Liebe

Wahrhaftigkeit, Echtheit und Liebe, das wird die Zielrichtung sein, die er dem anderen vermitteln kann, auch dem, der nicht offen für die Dimension des Glaubens ist. Erstes Ziel weltlicher Sozialarbeit mag die Resozialisierung sein. Die Wiedereingliederung von Menschen, die außerhalb der Gesellschaft waren, in die Gesellschaft. Das erste Ziel des christlichen Sozialarbeiters wird es sein, den Menschen hinzuführen, ein Liebender zu werden.

Denn er weiß, dass dies der eigentliche Schlüssel für die Heilung ist. Das Unheil des Menschen rührt von Egoismus und Angst, das Heil des Menschen kommt von der Liebe. Die Liebe ist die Kraft der Heilung. Je mehr ein Mensch ein Liebender wird, desto mehr kommt er aus dem Gefängnis seiner Egoismen, seiner Zwangshandlungen. Das weiß der Christ und dieses Wissen prägt seine Handlungen.

Er ist sich darüber im klaren, dass letztlich nur der Mensch, der ein Liebender geworden ist, ein freier Mensch sein kann. Nur der wird mit den Verletzungen des Lebens, mit den Enttäuschungen durch andere Menschen fertig, der über diese Fesseln hinausgeht durch die Liebe. Wer die Antwort der Liebe, wie Jesus sie verkündigt hat, zu geben vermag, wird frei.

Der christliche Helfer hat Erfahrung, was den Menschen aufbaut und was ihn zerstört. Und dennoch wird er nicht vorschnell warnend den Zeigefinger erheben und Normen für das Gute und das Schlechte benennen.

Gewissensbildung

Deshalb kommt der Gewissensbildung eine große Bedeutung zu. Darauf hinzuwirken, ist ein wichtiger Auftrag des christlichen Sozialarbeiters. Er will den anderen nicht entmündigen, indem er ihm ständig sagt, was er tun und was er lassen soll. Vielmehr ist es ihm wichtig, dass der andere dies selbst erkennt und dass er es wahrzunehmen lernt, was ihn zerstört und was ihm und anderen Menschen dient. Das Instrumentarium, durch das der Mensch dies lernen kann, ist das Gewissen.

Eine erste Hilfestellung für die Gewissensbildung mag es sein, Gutes und Schlechtes zu benennen. Es darf dabei aber nicht stehen bleiben.

Es kann wichtig sein, dies konkret anzusprechen, etwa einem Süchtigen gegenüber, der in seiner Sucht gefangen ist. Aber wichtiger wird sein, dass er selber wahrnimmt, wenn er Versuchungen erliegt, wenn er entgegen seinem eigenen innersten Erkennen das Falsche tut. Gewissensbildung lernt ein Mensch, der sich in die Liebe hineinnehmen lässt. Die wichtigste Waffe für die Gewissensbildung ist die Liebe.

Liebe macht nämlich nicht blind, wie gemeinhin behauptet wird. Liebe, echte Liebe, macht sehend. Der Mensch, der in liebender Begegnung ist, nimmt selber wahr, was nicht stimmt. Er lernt es, die Geister zu unterscheiden. Ganz besonders wird dies dem Menschen zuteil, der sich in die Liebe Gottes begibt. In der Nähe Gottes nehmen wir tiefer wahr, was nicht stimmt, was nicht echt ist.

Neben der Liebe ist die Wahrhaftigkeit wichtig. Nur der Mensch, der wahrhaftig ist, kann erkennen, was gut ist und was schlecht ist. Ohne Wahrhaftigkeit belügen wir uns selbst, so wie sich mancher Alkoholiker belügt, der nicht wahrhaben will, dass er abhängig geworden ist. Es ist wichtig, dass wir unsere innere Stimme zu unterscheiden lernen: die Stimme des Gewissens von der Stimme des inneren Schweinehundes. Und es ist wichtig, dass wir den uns anvertrauten Menschen in diesen Lernprozess hineinnehmen; dass wir ihm zeigen, wo er gefangen wird und wo er frei wird; dass wir sein eigenes Gespür schärfen, statt ihm die Ergebnisse vorzutragen.

Auch das ist ein Lernprozess, der nicht von heute auf morgen möglich ist. Wenn das Gewissen der Menschen geschärft ist, dann werden sie manches Unheil unterlassen, viel eher, als wenn wir mahnend gesetzlich argumentieren und sagen, sie sollen dieses oder jenes unterlassen, alles was schädlich und ungut ist. Das Gewissen des echten und liebenden Menschen ist ein guter Kompass, eine gute Orientierungshilfe für das Leben, ganz besonders in unserer Zeit, in der einerseits die alten Normen nicht mehr geachtet werden, andererseits Normen dieser Zeit entstehen, die selber wiederum nur Gefangenschaft bewirken – die Normen der Kinder dieser Welt.

7. Der praktische Einsatz des christlichen Sozialarbeiters

Christliche Sozialarbeit, soziale Arbeit aus dem Glauben. Wie kann das konkret werden? Wie können wir damit beginnen? Wie können wir durch unser Tun aus dem Glauben Menschen in Not erreichen und ihnen beistehen?

Betend in die Begegnung gehen

Der christliche Helfer, der aus dem Glauben lebt, wird betend seine Arbeit beginnen. Er wird sie nicht allein tun, sondern er wird darum bemüht sein, sie mit Christus zu tun. Er wird die Verbindung zum lebendigen Gott suchen und nicht allein zu den Menschen gehen, sondern mit Jesus selbst. Er wird ihn bitten, dabei zu sein, ja ihm vorauszugehen und die Begegnungen in den Herzen der Menschen zu bereiten. Für den Christen ist es etwas anderes, ob er allein zu einem Menschen geht oder ob er ihn mit Christus aufsucht. Die Begegnung wird geheiligt dadurch, dass der Herr dabei ist.

Der christliche Helfer weiß sich angewiesen auf Gott. Er weiß, dass das Eigentliche durch Gott geschieht, nicht durch den Menschen. Er ist sich seiner Grenzen bewusst und gerade deswegen streckt er sich nach Gott aus, nach dem lebendigen Gott. Gebet ist der Beginn seines Tuns und durch Gebet begleitet er den Menschen oder die Menschen, mit denen er sich auf dem Weg befindet. Er möchte Werkzeug des lebendigen Gottes sein. Wenn die Menschen über ihre Nöte berichten, hält er diese mit ihnen oder stellvertretend für sie Gott hin. Er bittet um Gottes Erbarmen. Er bittet, dass die Liebe Gottes den Menschen berührt und auch seine Wunden heilt. Er betet darum, dass der Mensch die Gnade erfährt, sich versöhnen zu können und dass seine Wunden und Verletzungen heilen.

Das Gebet gehört gewissermaßen zum Handwerkszeug des christlichen Helfers. Er bezieht Gott ein. Er hält alle Fragen, die ihn bewegen, Gott hin und bittet um Antwort. Er verlässt sich nicht allein auf sein menschliches Wissen und Können, sondern streckt sich immer wieder nach der

Liebe Gottes aus. Wenn er am Ende ist, ganz besonders dann, ruft er Gott an und bittet Ihn, den Menschen weiterzuhelfen. Er baut auf die Möglichkeiten Gottes, wenn er selber nicht mehr weiter weiß, wenn er mit seinem Latein am Ende ist und sein Wissen und Können nichts mehr zu bewirken vermögen.
Dies gilt ganz besonders in Situationen, in denen der Mensch, um den es geht, sich nicht mehr öffnen kann, in denen er gefangen ist, erstarrt ist, vielleicht auch verschlossen ist und in denen er nicht mehr in der Lage ist, sich von anderen helfen zu lassen. Der christliche Helfer wird ihn dann Gott hinhalten und Gott bitten, dass er ihn mit seiner Gnade und seinem Erbarmen erreicht.

Liebende Begegnung

Der christliche Helfer bemüht sich darum, dass eine liebende Begegnung zustande kommt. Es ist sein Wunsch, den Menschen, der ihm anvertraut wird, in die Liebe Gottes hineinzunehmen. Er will gewissermaßen stellvertretend für Jesus Christus selbst zu den Menschen kommen und er weiß sich als Gesandter. Im Namen Jesu begegnet er dem anderen, im Namen Jesu möchte er ihm dienen, nicht aus sich heraus. Er weiß, dass die Begegnung in dem Maße fruchtbar wird, in dem Gott gegenwärtig ist, wie verborgen auch immer. Er bittet Gott auch darum, dass er ihm die Liebe zu den Menschen schenkt; dass er selbst sein Herz für den andern öffnen kann und dass die Liebe spürbar wird, die Liebe des Helfers und durch die Liebe des Helfers auch die Liebe Gottes. Die Liebe schafft die neue Realität, die Liebe nimmt den anderen in eine neue Wirklichkeit hinein, in die Wirklichkeit, in der er wieder Lebenssinn erfährt. Die Liebe bestätigt dem Menschen, dass sein Leben sinnvoll ist. Sie ist nicht machbar, es ist ein Geschenk der Gnade, ein Geschenk, um das wir bitten können und auch um das wir uns bemühen können. Liebe wird allein schon durch die Bemühung frei, durch die Bemühung um Liebe. Liebe ist Geschenk, aber auch Verdienst, auch ein Willensakt, Frucht der Bemühung des Menschen um den andern.

Zuhören

Der christliche Helfer ist zunächst ein Zuhörender. Er nimmt sich Zeit für den anderen. Er gibt ihm Raum, dass er sich aussprechen,

dass er seine Not, seine Bedrängnis sagen kann. Das ist oft wichtiger wie jeder noch so gut gemeinte Ratschlag. Auch Jesus fragte zunächst die Emmaus-Jünger: Warum seid ihr so traurig? Er gab ihnen Gelegenheit, sich auszusprechen, ihre Not herauszulassen, und er hörte ihnen zu.
Eines der wichtigsten Charismen des christlichen Helfers ist das Charisma des Daseins. Er ist für den andern einfach da und gibt durch sein Dasein dem andern Lebensraum. Raum auch aus seiner Dunkelheit herauszugehen in das Licht, in die Liebe, in das Erbarmen, in die Freundlichkeit Gottes, die durch die Freundlichkeit des Menschen offenbar werden kann.
Dieses Zuhören ist mehr als ein passives Geschehen. Dieses Zuhören wird lebendig durch die Anteilnahme, die wir dem anderen Menschen gewähren. Die liebende Gegenwart führt den Menschen in eine neue Realität. Durch die spürbare Liebe wird das Dunkel der Hoffnungslosigkeit durchbrochen. Und Sinn wird wieder erfahrbar für den Menschen, der in der Trostlosigkeit war. Liebe ist unsichtbar und dennoch spürbar und erfahrbar. Die Liebe braucht keine Worte. Sie ist einfach da.
Beim Zuhören bemüht sich der Helfer darum, sich in den andern hineinzuversetzen, sein Schicksal zu erfahren, teilzunehmen und sich auch anregen zu lassen für die Wege, die aus dem Dilemma wieder herausführen können. Der christliche Helfer bemüht sich darum, sich kein Bild zu machen, weder ein Bildnis von Gott noch ein Bild von den Menschen und auch kein Bild von den Lösungen, um die es geht.

Antworten suchen ohne Schubladen

Er weiß, wie bequem es ist, Menschen in Schubladen zu stecken, aber er weiß auch um die Gefahr darum. Jeder Mensch kann eine andere Antwort erfordern. Wir können nicht automatisch sagen, dass der Drogenabhängige eine Therapie braucht, weil es auch andere Wege in die Drogenfreiheit gibt. Es gilt darum, mit dem Betroffenen und mit Gottes Hilfe herauszufinden, was für den Menschen wichtig ist, wach zu sein, hörend zu sein. Die Ursachen der Nöte zu erkennen suchen und gemeinsam mit dem Menschen Wege aus dem Dilemma heraus zu finden suchen.
Es wird ganz von der Offenheit des Betroffenen abhängen, ob der Helfer mit ihm auch Antworten aus dem Glauben suchen wird. Das ist dann möglich, wenn der Mensch, um den es geht, bereit ist, sich einzulassen.

Wir müssen dagegen schweigen und dürfen doch im Schweigen beten, wenn diese Offenheit nicht besteht. Es geht darum, mit den Menschen die Schritte zu gehen, die sie zu gehen bereit sind.

Wege der Gemeinschaft

Für die meisten Menschen ist das Gespräch mit dem Helfer wichtig, aber es genügt nicht allein. Er braucht auch andere Menschen. Die Stunde, in der er sich mit einem Berater trifft, ist eine Stunde, die ihm dient. Aber er braucht auch Menschen, die mit ihm auf dem Weg sind. Für viele sind Gleichbetroffene wichtig, Menschen, denen es ähnlich geht, die ähnliche Schicksale hinter sich haben und die von ähnlichen Lebensfragen bewegt werden. Der Helfer wird sich darum bemühen, dass der Betroffene diese Menschen findet. Vielleicht wird er sie sogar zusammenführen und mit ihnen Wege suchen.
Die Gruppe der Betroffenen, in der offen miteinander geredet wird, ist für viele eine Hilfe, aus sich herauszugehen. Es ist leichter, wenn andere dabei sind, denen es ähnlich ergeht. Jeder kann leichter auch seine Maske fallen lassen, wenn andere da sind, die ähnlich betroffen sind, die ähnlich leiden, denen es ähnlich ergeht. Es ist ganz wichtig, dass solche Räume entstehen, in denen Menschen so sein dürfen wie sie sind und in denen auch andere da sind, die aufgrund ähnlicher Schicksale sie auch verstehen. Die Schicksalsgemeinschaft verbindet.

Geistliche Gemeinschaft

In besonderer Weise wird diese Gemeinschaft geheiligt, wenn Gott gegenwärtig sein darf in ihr, wenn die Menschen, die sich versammeln, in ihre Mitte Jesus Christus, ihren Herrn, hineinnehmen. „Wo zwei oder drei in meinem Namen versammelt sind, da bin ich mitten unter ihnen“, hat Jesus verheißen. Es wird spürbar Gemeinschaft, wenn der lebendige Gott in die Mitte genommen wird. Es ist eine Gemeinschaft mit anderer Qualität.

Wenn der hilfesuchende Mensch offen ist, dann wird der Helfer mit ihm auch Wege mit Gott suchen. Das kann damit beginnen, dass er ihm anbietet, mit ihm zu beten. Es kann auch eine Hilfe für den Menschen sein, wenn der andere ihn segnet, ihm die Hände auflegt und die Not, in der er sich befindet, auch Gott hinhält. Wenn er bittet, dass die Liebe Gottes den Menschen berührt und dass Jesus seine Wunden und Verletzungen berührt und heilt.
Die Kraft Gottes ist eine große Hilfe für den Menschen, der sich danach ausstrecken kann, sich von Gott berühren zu lassen, in seine Liebe hineinnehmen zu lassen. Das ist Heilung. Eine befreiende Erfahrung. Es ist ein großes Geschenk, wenn ein Mensch sich darauf einlassen kann. Und es ist auch ein Geschenk für den Helfer, wenn er den Menschen, der ihm anvertraut ist, in die Liebe Gottes hineinführen darf, ja, wenn er dazu beitragen kann, dass eine Begegnung zwischen dem Menschen und dem lebendigen Gott zustande kommt. Es ist etwas Großes, wenn der Mensch Gott, seinem Schöpfer, begegnet, wenn er die Liebe des lebendigen Gottes erfährt, wenn Beziehung entsteht zwischen Gott und dem Menschen. Es ist eine frohmachende Erfahrung für den Helfer, wenn er dieser Begegnung, dieser Beziehung, dienen darf.
Er ist sich dessen bewusst, dass die Beziehung, die zwischen dem Menschen und Gott entsteht, dem Betroffenen einen neuen Lebenssinn zu schenken vermag, ja, dass er durch diese Beziehung zu Jesus Christus in die zentralste Liebesbeziehung, die dem Menschen möglich ist, hineingenommen wird, dass er selber Zugang bekommt zu der Quelle, die Gott selber ist, zur Quelle der Liebe. Er weiß, in welche neue Freiheit der Mensch gelangt, dem das Erbarmen Gottes zuteil wird und der Zugang zu dieser Quelle des Lebens bekommt.
Nicht nur eine neue Dimension wird im Menschen frei, die Dimension des Glaubens. Er bekommt auch eine Freundschaft, die Freundschaft des lebendigen Gottes, die ihm niemand nehmen kann außer er selbst. Wenn der Mensch sich dessen bewusst wird, dass Gott selbst, sein Sohn sein Freund werden will, dann tun sich ihm ganz neue Lebensperspektiven auf: ein neuer Weg wird für ihn frei, der Weg mit Gott, der Weg mit Jesus Christus. Der Weg, auf dem Gott selbst ihn führt. Der Sohn Gottes selbst geht mit ihm diesen Weg durch das Leben, durch alle Dunkelheiten und alle Sumpfgebiete. Glücklich der, dem sich dieser Weg auftut und für den die Nachfolge Jesu die Perspektive seines Lebens wird, der Weg des Glaubens und der Liebe.

Die Notleidenden als Gabe Gottes

Die Erfahrung zeigt, dass die Notleidenden, die nach Gott rufen, ein Geschenk für die Christen sind und die Christen, die sich den Armen und Christus in den Armen zuwenden, auch ein Geschenk für diese sind. So können Menschen einander zum Heil dienen.

Der christliche Helfer wird nach Menschen suchen, die bereit sind, sich mit den Betroffenen auf den Weg zu machen. So wird er auch versuchen beizutragen, dass die soziale Isolation, in die viele Notleidende durch ihr Schicksal kommen, überwunden wird, indem ein Brückenschlag geschieht zu den Menschen, die nicht in diese Randgruppenbereiche gehören.

Der Mensch in Not, der sich mit Gott auf den Weg machen will, braucht geistliche Gemeinschaft, auch um den Glauben näher kennenzulernen. Er braucht Menschen, die mit ihm die Heilige Schrift betrachten und mit ihm der Frage nachgehen, wie dieser Gott ist, dieser lebendige Gott, und was er zu uns sagt durch sein Wort. Menschen werden wichtig sein, die mit ihm den Glauben leben, beten, singen, Gottesdienst feiern, die ihn hineinnehmen in die Wirklichkeit der Nachfolge Jesu. Der Glaube ist konkret erfahrbar durch die Menschen, die sich auf den Weg des Glaubens einlassen. Diese konkrete Erfahrung braucht der Mensch in Not und er ist darauf angewiesen, dass die Barrieren, die zwischen ihm und den Kirchgängern in der Regel bestehen, abgebaut und überwunden werden.

Der neue Weg

Für den christlichen Helfer wird es wichtig sein, mit den Betroffenen den Umgang auch mit täglichen Schwierigkeiten und Nöten zu lernen und ihnen zu zeigen, wie sie in der Welt leben können, ohne mit ihr zu leben. Es gilt einerseits die Verankerung in Christus zu suchen und andererseits sich darum zu bemühen, in einer Welt, die anders lebt, zu bestehen. Sich nicht von dieser Welt manipulieren und bestimmen zu lassen. „Seid nicht Kinder dieser Welt, sondern Kinder des Lichts!" Das ist die Orientierung für den Christen. Überwindet die Welt, überwindet den Egoismus, überwindet das alte Leben, wagt das Leben der Liebe, das Abenteuer der Liebe – das ist die Botschaft, die der christliche Helfer Menschen sagen kann. Es ist der Weg vom alten Leben in ein neues

Leben, in ein Leben, das von Liebe geprägt sein soll – ein Leben, das möglich wird durch die Gegenwart des lebendigen Gottes, den die Welt nicht kennt.

Lieben und zum Weg der Liebe kann der Helfer jeden hinzuführen suchen. Aber demjenigen, der sich für die Dimension des Glaubens öffnet, wird er mit größerer Tiefe und Nachhaltigkeit aufschließen können, welchen Sinn auch der Gang durch die Nöte und Schwierigkeiten unserer Zeit hat. Er wird die Dimension des Kreuzes aufschlüsseln können und die Dimension der Auferstehung aufzeigen können, die frei wird, wenn wir unser Kreuz angenommen haben.

Am Leben Jesu wird er verdeutlichen können, dass alle Drangsale durch die Liebe, insbesondere durch die Liebe Gottes, überwunden werden können und dass auch die Leidenssituationen einen tiefen Sinn haben. Er wird dem andern auch den Hinweis geben können auf Jesus Christus, der sein und unser Kreuz getragen hat und der auch mit uns dieses Kreuz trägt.

Die Offenheit des Menschen, sein Leben zu verändern und sich einzulassen, setzt dem christlichen Helfer die natürlichen Grenzen. Er wird froh sein, wenn er den Hungrigen speisen darf, wenn er den Obdachlosen beherbergen darf, doch er wird darauf hinarbeiten, dass der Hungrige und der Obdachlose auch Wege aus dieser Not herausfinden, dass nicht nur die momentane Hilfe geschieht, sondern eine Hilfe gewährt wird, durch die sein Leben sich verändern kann. Er wird nicht nur dem Hungrigen Brot geben, sondern er wird sich bemühen darum, dass der Hungernde es lernt, selbst sein Brot zu backen, das heißt selbst seine Existenz wieder aufbauen, für sich selber sorgen, sein eigenes Brot erwerben kann und nicht nur auf die Hilfe und Fürsorge anderer Menschen angewiesen zu sein.

Das Kreuz des Helfers

Der Helfer wird sich darum bemühen, den Menschen, der sein Leben aufgegeben hat, zu ermutigen, einen Neuanfang zu machen. Er wird den, der viele Trümmer auf seinem Weg hinterlassen hat – gescheiterte Beziehungen – auffordern, diesen Trümmerhaufen wegzuräumen, um ein neues Leben beginnen zu können. Er wird es aber auch hinnehmen, ja hinnehmen müssen, wenn der andere sich dem Neubeginn verweigert. Dann wird er warten, immer wieder neu warten, bis die Stunde der Gnade gekommen ist, in der der Mensch weiterzugehen bereit ist.

Ähnliches gilt für das geistliche Leben. Es gibt Gnadenstunden, in denen der Mensch sich für Gott zu öffnen vermag. Doch derselbe Mensch kann morgen sich schon wieder verschlossen haben, aufgrund von Erlebnissen, die er nicht verkraftet hat oder Versuchungen, denen er erlegen ist. Das ist meist ein langer Weg in die Freiheit. Und immer wieder neu, nicht sieben, sondern siebzig Mal, wird der christliche Helfer den Weg mit einem Menschen wagen, wenn er sich wieder aufmacht. Auch dann, wenn er nach menschlichem Ermessen doch wieder in sich zusammenfällt und rückfällig wird.

Der Helfer als Wegbegleiter

Immer wieder neu wird er sich auf den Menschen einlassen, der in seiner Not zu ihm kommt oder dem er nachgegangen ist wie der Hirte dem verlorenen Schaf. Aber immer wieder wird er auch den anderen loslassen, wenn dieser nicht bereit ist, den Weg in die Freiheit zu gehen. Wenn dieser zum Beispiel weiterhin an der Sucht festhält, an Hass, an Aggressionen, an Unversöhntheit. Doch beharrlich wird er immer wieder Signale der Liebe setzen, immer wieder darauf warten, dass eines dieser Signale aufgenommen wird und der Mensch neu aufbricht, das heißt neu aufbricht zu seinem eigenen Leben, neu aufbricht zum lebendigen Gott.

So wird der christliche Helfer dem anderen ein Begleiter sein, ein Wegbegleiter. Ein Begleiter auf seinem Weg, auf dem Weg zum Leben, auf dem Weg in die Freiheit. Das was er dem andern geben kann, ist die Hoffnung. Es ist auch die Liebe, die in seinem eigenen Herzen ist und die für den andern ein Zeichen des Lichtes ist, ein Zeichen der Zukunft, ein Zeichen des Vertrauens, ein Zeichen dafür, dass es einen Weg gibt, auch für ihn, dass der Tod überwunden ist und die Verzweiflung, dass es eine Liebe gibt, die stärker ist als der Tod.

Der christliche Helfer geht einen schmerzhaften Weg. Gerade weil er sich auf die Menschen eingelassen hat, leidet er auch mit ihnen, wenn sie wieder scheitern, wenn die Not, das Verderben, sie einholt. Er leidet, wenn sie es nicht schaffen, aus Sucht und Gefangenschaft herauszukommen, sondern ihren Bindungen erliegen. Er leidet, ähnlich wie eine Mutter für ihr Kind leidet. So wird der Weg für den christlichen Helfer eine Schule der Liebe, eine Schule, die er nicht aus eigener Kraft zu leben vermag. Er braucht selbst Gott, den lebendigen Gott, zu dem

er sich immer wieder begeben kann, um ihm seine Wunden hinzuhalten und selber Heilung zu suchen und sich reinigen zu lassen durch seine unendliche Liebe.
Er braucht schließlich auch das Wissen, dass jeder Mensch in Gottes Hand ist und dass er selber nicht der Erlöser zu sein braucht, dass er Werkzeug sein darf, Werkzeug des lebendigen Gottes und dass er nicht unter dem Druck steht, alles schaffen, alles leisten, alles bewältigen zu müssen, dass die Menschen letztlich in der Hand Gottes sind und wir unseren Beitrag leisten dürfen für ihre Heilung und Befreiung.

Ringen um die Menschen

Wie eine Mutter um ihr Kind kämpft, so wird der christliche Helfer um die Menschen, die ihm anvertraut sind, ringen. Er wird es in dem Maße vermögen, wie ihm Liebe zu den Menschen geschenkt ist, und er für diese berufen ist. Nicht jedem wird er gleichermaßen helfen können, nicht auf jeden wird er sich in derselben Weise einlassen können. Es ist ein wechselseitiger Prozess. Dem einen wird er Vater oder Mutter werden, für den anderen mag er ein Begleiter sein, ein Helfer in bestimmten Lebenssituationen. Helfen wird er können in dem Maße, in dem er sich den Menschen schenken kann, aber auch, indem er sie ihre eigenen Wege gehen lassen kann.
Er muss sich hüten vor der Gefahr, die Menschen auf das Ziel hin trimmen zu wollen, das ihm selber ein Anliegen ist. Selbst der Wunsch, den anderen zu Christus zu führen, kann zur Versuchung werden. Es kann wichtig sein, dass wir diesen Wunsch in unserem Herzen behalten und dem Menschen die Freiheit geben, auch den Weg ganz ohne Gott zu gehen und dass wir der Versuchung widerstehen, ihm immer wieder Winke mit dem Zaunpfahl in Richtung Gott geben zu wollen. Auch wenn wir selber uns darüber im klaren sind, dass da der eigentliche Weg der Freiheit ist, so müssen wir doch auch demütig genug sein, den Menschen selbst draufkommen zu lassen. Wir sollten der Versuchung widerstehen, ihm den Glauben, das wunderbarste aller Geheimnisse, aufzudrängen. Der Ruf des christlichen Helfers ist ein radikaler Ruf. Er soll sich einlassen auf den Menschen, als wäre es sein eigenes Kind und gleichzeitig es lernen, loszulassen, ihn auch den Weg ins Verderben gehen zu lassen. Ja es gilt, selbst seinen Tod, seinen Tod durch Sucht oder Suizid oder sein menschliches Dahinvegetieren und Dahinsiechen

auszuhalten, ihn in die Hand Gottes zurückzulegen, aus der er den Ruf für den Menschen empfangen hat.
Der Helfer wird es lernen müssen, zu glauben und zu vertrauen, dass die Saat des Glaubens und der Liebe aufgehen werden, auch wenn wir im Moment nichts sehen und wir offenbar gescheitert sind.
Wir sollten wissen, dass jede Tat der Liebe, jede Erfahrung, die der Mensch mit Gott gemacht hat, eine Saat ist, die aufgehen wird – eine Saat –, die zum ewigen Leben gehört.

8. Missionarische Sozialarbeit – befreiende Sozialarbeit

Sozialarbeit hat mit dem Leben zu tun, das Leben aber mit dem Evangelium. Es ist wichtig, dass wir im sozialen Dienst auch an die Ursachen kommen, von der das Elend herrührt. Eine der Ursachen des Elends unserer Zeit ist die Beziehungslosigkeit, auch die Gottlosigkeit. Wir dürfen nicht nur die Heilung beim einzelnen Menschen suchen, sondern wir müssen auch die Heilung in unserer Kirche und Gesellschaft ansteuern. Es reicht nicht, an den Symptomen der Menschen zu arbeiten, die am meisten betroffen sind. Wir brauchen eine Perspektive für einen Neubeginn und diese Perspektive ist das Evangelium Jesu Christi.

Die geistlichen und gesellschaftlichen Ursachen des Elends

Es ist den Menschen recht zu geben, die auf die gesellschaftlichen Ursachen der Nöte unserer Zeit hinweisen. Die Sozialarbeit muss beim einzelnen Menschen ansetzen, um ihm herauszuhelfen. Aber es ist auch wichtig, dass wir die Ursachen nicht übersehen, die in der Umwelt, in unserer Gesellschaft, liegen. Denn wir dürfen nicht nur dort ansetzen, wo die Not groß geworden ist.

Es ist auch unser Auftrag dort einzuwirken, wo die Not erst entsteht. Und diese Not ist nicht nur eine gesellschaftliche Not und nicht nur eine menschliche Not, sondern auch eine geistliche Not. Dafür wollen wir den Blick öffnen.

Die Not des Menschen ist eine Not, die von seiner Gottlosigkeit herrührt. Es ist eine Not, die im Mangel an Liebe oder in dem Zerbruch von Beziehungen ihre tiefe und eigentliche Ursache hat. Immer wieder versuchen Menschen, eine Antwort auf diese Not zu geben und immer wieder neu entsteht diese Not in allen Gesellschaften und zu allen Zeiten.

Die geistliche Antwort heißt, dass Gott selbst in diese Welt gekommen ist, um die Antwort auf diese Not zu geben. Es ist die Antwort seiner Liebe, die er gegeben hat durch seinen Sohn. Der aber hat uns verheißen, dass jeder, der an ihn glaubt, wieder leben wird und dass er den Tod nicht schauen wird. Der Tod wird durch die Liebe, die ewige Liebe Gottes, überwunden. Es ist eine Tragödie, dass wir, selbst die Kirche, diese Antwort des lebendigen Gottes offenbar aus dem Blick verloren haben. Hätten wir es nicht, würden wir den Menschen diese Antwort geben. Vertrauen wir noch darauf, dass Gott selbst diese Antwort gibt, heute wie vor 2.000 Jahren? Die Antwort der ewigen Liebe.

Die Botschaft Jesu Christi ist eine Botschaft der Versöhnung an die Welt. Er selbst ruft die Kinder dieser Welt dazu auf, wieder Kinder Gottes zu werden, heimzukehren in des Vaters Haus. Es ist die Antwort Gottes auf das Verderben, auf die Verzweiflung der Menschen. Es ist seine Wegweisung. Diese Wegweisung ist klar und real. Jeder Mensch, der sich auf diesen Weg des lebendigen Gottes einlässt, erfährt diese Befreiung. Er wird hineingenommen in das Heil Gottes, das mehr ist als nur menschliche Heilung. Die Antwort der Liebe Gottes ist die Antwort auf die Not der Welt, auf die Not auch unserer Gesellschaft. Wenn wir Heilung für die Menschen suchen, dann ist es wichtig, dass wir auch Heilung für die Gesellschaft suchen, Heilung für die Menschheit, für alle.

Dieser Heilungsweg, dieser Heilsweg ist eröffnet worden durch Jesus Christus. Es ist Folge unserer Blindheit, dass wir diesen Heilsweg nicht mehr sehen und dass so dem Heilswirken Gottes die Wege in unser Leben und auch in unsere Gesellschaft, in unsere Welt, weitgehend versperrt sind.

Wenn wir Heilung für den Einzelnen suchen, werden wir auch Heilung für die Gesellschaft, für die Erde suchen. Menschliches, individuelles Heil ist eng verwoben mit dem gesellschaftlichen Heil, mit dem Heil der Welt, für das Gott Mensch geworden ist. IHM geht es um alle, alle zu erlösen.

Mission als Weg der Befreiung

Was ist Mission? Was ist Evangelisation? Diese Begriffe sind vielen Menschen versperrt durch eine falsche Praxis, durch die sich irreführende Wertungen eingeschlichen haben. Viele Zeitgenossen betrachten Mission und Evangelisation als Indoktrination. Sie haben eine tiefe Abwehr gegen diese Begriffe, weil sie diese in der Bedeutung des Wortes nicht mehr verstehen, sondern sich ausschließlich an einem

Missbrauch dieser Begriffe orientieren. Evangelisation wurde in der Vergangenheit oft als Kolonialisierung betrieben zum Beispiel in der Dritten Welt bei den Indianern; sie war nicht nur Verkündigung der Frohen Botschaft, sondern Vereinnahmung in ein bürgerliches System. Mission gelangt auch aufgrund überstülpender Praxis christlicher Gruppen schnell in den Geruch, Indoktrination zu sein. Da will einer dem andern seine Weltanschauung überstülpen, ihn für die eigene Sache gewinnen. Das ist nicht Mission! Das ist nicht Evangelisation!
Evangelisation – das ist das, wozu Jesus Christus vor 2.000 Jahren seine Jünger aufgefordert hat: Geht hinaus in alle Welt und verkündigt den Menschen das Evangelium, die Frohe Botschaft von der Befreiung, von der Erlösung durch Jesus Christus. Mission hat mit Befreiung zu tun. Evangelisation ist Befreiung. Den Menschen wird der Weg in die Freiheit durch die Begegnung mit dem lebendigen Gott gezeigt. Der größte, ja der einzige Revolutionär aller Zeiten, Jesus Christus, hat den Weg zum Leben gewiesen. Mitten in dieser Welt kann mit seiner Hilfe und durch seine Kraft, die Kraft des Heiligen Geistes, das Reich Gottes anbrechen, das ein Reich der Liebe und der Versöhnung ist.
Es ist eine ungeheure Tragik, dass die Menschen diese Worte nicht mehr verstehen, weil jene, die diese Worte gebraucht haben, sie nicht gelebt oder gerade in umgekehrter Weise praktiziert haben. Es ist ein großes Verhängnis, dass das Evangelium Jesu Christi in der Geschichte und auch in der Gegenwart häufig missbraucht wird. Das ist der Grund, warum die Menschen die Botschaft zum Teil nicht mehr verstehen; nicht Kirche, nicht der Glaube werden abgewehrt; abgewehrt wird ein Verhalten im Namen des Glaubens, im Namen der Kirche, das als unglaubwürdig erlebt wird.

Missionarische Sozialarbeit – befreiende Sozialarbeit

Missionarische Sozialarbeit ist beileibe keine Sozialarbeit, in der es darum geht, Menschen für christliches Ideengut zu gewinnen. Es geht um die heilmachende und frohmachende Praxis, um die Praxis der Liebe Jesu, um die Begegnung mit diesem Jesus. Mission ist nicht irgendeine Angelegenheit für brave Fromme, Mission ist Revolution. Die Mission Jesu Christi ist eine völlige Umkrempelung, Umgestaltung unseres Lebens. Eine Revolution, die neue Verhältnisse herstellt, wenn wir uns auf sie einlassen. Eine Revolution, durch die Liebe frei wird,

durch die Versöhnung möglich wird zwischen allen Menschen, die sich auf die Botschaft Jesu Christi einlassen. Er hat den Weg in die Freiheit gezeigt. Dieser Weg soll aufgezeigt werden, auch den Menschen unserer Zeit und ganz besonders denen, die in Not und Bedrängnis, in Gefangenschaft und Verzweiflung, im seelischen Tod sind. Gerade zu ihnen will der Menschensohn kommen, auch in unserer Zeit.
Das ist Mission.

Mission und Revolution

Das bedeutet, dieses Wirken Gottes in unserer Zeit neu sichtbar werden zu lassen und die Menschen in die Begegnung mit dem Lebendigen zu führen. Mission heißt Revolution, Revolution der Liebe, Revolution der Liebe, die möglich wird in der Verbindung zum lebendigen Gott. Wir alle sind eingeladen zu dieser Revolution. Sie ist nichts für Frömmler, sondern für Kämpfer. Mission und Revolution haben miteinander zu tun, ebenso wie individuelle und gesellschaftliche Heilung.
Die Heilung des Einzelnen durch die Liebe Gottes und die Liebe von Menschen braucht auch Heilung der Gesellschaft, der Kirche. Der einzelne Mensch, der in die Liebe Gottes hineingenommen wird, braucht Menschen, die sich auf diesen Weg der Liebe einlassen. Er braucht auch die gesellschaftliche Erfahrung der Liebe. Das ist Kirche. Das sollte Kirche sein. Die Gemeinschaft der Heiligen, die Gemeinschaft derer, die, wie Franziskus, diesen revolutionären Weg des Glaubens und der Liebe schon in dieser Zeit zu gehen wagen und die den Anbruch des Himmelreiches in dieser Welt riskieren, allen Widerständen zum Trotz. Das ist Evangelium der Liebe, das ist Evangelium der Befreiung. Nicht nur der einzelne Mensch braucht Liebe, auch unsere Welt, unsere Gesellschaft braucht einen Aufbruch der Liebe. Nur so kann sie gesunden. Nur so kann die Gesellschaft, die Welt, die Umwelt, auch geistlich und menschlich entgiftet werden.

Umkehr der Gesellschaft

Wir alle brauchen eine Neuorientierung, die uns zur Liebe hinführt. Auch die Gesellschaft ist angewiesen auf Umkehr. Ja selbst die

Kirche braucht die Erneuerung durch die Liebe und durch den Geist Gottes.
Wir dürfen also christliche Sozialarbeit nicht isoliert sehen, nicht isoliert von Kirche und Gesellschaft, ebenso wenig wie wir die Hilfe für den einzelnen isoliert betrachten dürfen. Wir brauchen nicht nur einzelne, die wieder umkehren aus ihrer Sucht, aus ihrer Abhängigkeit, aus ihrem Randgruppendasein. Wir brauchen auch, wie Johannes Paul II. es ausgedrückt hat, eine neue Kultur der Liebe, eine veränderte Gesellschaft. Wir brauchen Räume der Liebe für die Menschen, die aufbrechen. Sozialarbeit und Mission hängen eng zusammen. Wir können nicht das eine tun und das andere lassen. Wir dürfen nicht das Heil des Individuums suchen, ohne zugleich auch auf das Heil der Gesellschaft einzuwirken.
Wir können nicht einzelne arme Menschen vom Rande evangelisieren und gleichzeitig kapitulieren vor der Gesellschaft, vor der Welt und ihrer Armut. Es ist wichtig, dass wir neben dem Aufbruch des Individuums zum Glauben, neben der Heilung der Betroffenen durch die Liebe Gottes und der Menschen, heile Strukturen schaffen, dass wir Räume des Heils schaffen, Räume, in denen das neue Leben, für das wir die Menschen motivieren, gelebt wird.

Umkehr der Kirche

Wir müssen uns dabei darüber im klaren sein, dass selbst die kirchliche Wirklichkeit, die nicht selten toten Gemeinden, zu den Ursachen des Unheilseins für Menschen unserer Zeit gehören. Viele Menschen vom Rande haben keine Heimat in der Kirche gefunden und damit auch nicht richtig Heimat bei Gott. Die verbürgerlichte, verweltlichte Kirche ist selber zum Ärgernis geworden, zum Zeugnis gegen Christus.
Es ist wichtig, dass Kirche wieder ein Zeugnis für die Liebe des auferstandenen Herrn wird. Und es ist wichtig, dass wir in beide Richtungen wirken, sowohl in die Richtung der Sozialarbeit, die einer geistlichen Erneuerung bedarf, als auch in Richtung der Kirche, die ebenso auf diese Erneuerung angewiesen ist.

Sozialarbeit ist Mission – Mission ist Sozialarbeit

Echte Mission, die einen Aufbruch der Liebe bewirkt, ist Sozialarbeit. Und echte Sozialarbeit, die liebend ausgeübt wird, ist Mission. Sie ist ein Zeugnis für Christus, ein Zeugnis, dass die Liebe Gottes auch in unserer Zeit gegenwärtig ist. Wir brauchen echte Sozialarbeit, christliche Sozialarbeit und echte Mission, die Evangelisation der Liebe unseres Herrn ist, nicht fromme Reklame. Dazu sind wir gerufen, und wir sind aufgerufen, mit allen in der Kirche, im Leib Christi, zusammenzuarbeiten und zusammenzuwirken, denen die Liebe Gottes und die Liebe der Menschen, vor allem die Liebe zu den Armen ein Anliegen ist. Wir brauchen echte Randgruppenmission, eine Mission für die Menschen vom Rande, die zugleich geistliche Mission ist. Eine Mission der Liebe und eine Mission des Glaubens.

Verankerung im Sein durch Mission

Sozialarbeit ist reine Symptombehandlung, wenn wir die gesellschaftlichen und geistlichen Ursachen des Elends in unserer Zeit nicht sehen und erkennen und an ihrer Behebung nicht arbeiten. Der Mensch unserer Zeit leidet darunter, dass sein Dasein nicht mehr verankert ist, weder in der menschlichen Liebe und schon gar nicht im Glauben. Es fehlt nicht nur menschlicher Halt, es fehlt die Verwurzelung im Sein, in Gott. Das ist die Krise Nr. 1, in der wir uns befinden. Die Not der Drogenabhängigen, der psychisch Kranken und anderer, die in unserer Gesellschaft gescheitert sind, hat ihre tiefen Ursachen in einem Mangel an Geborgenheit. Dieser Mangel ist nicht nur ein Mangel an Menschlichkeit, er ist auch ein Mangel an Glaube. Der Mensch ist nicht mehr verbunden mit dem lebendigen Gott. Die Welt hat keine oder nur noch eine ganz geringe Verankerung im lebendigen Gott. Das ist die tiefe Ursache der Haltlosigkeit in unserer Zeit.

Betrachten wir es genauer, so erkennen wir, dass letztlich nicht der Mensch den Halt geben kann, den der Mensch braucht. Schon im Alten Testament steht, dass wir nicht auf den Menschen bauen sollen, sondern alleine auf Gott. „Ich bin der Herr, dein Gott, sonst niemand." Es hat einen tiefen Grund, warum diese Aussage in der Heiligen Schrift steht. Es ist nicht ein maßloser Anspruch eines Schöpfers, sondern es ist eine Wahrheit, an der der Mensch nicht vorbeikommt.

Der Mensch findet letztlich nur den Halt in Gott, den Halt in der Ewigkeit. Jeder Halt in der Zeit ist ein vergänglicher Halt und nicht selten ein Halt, der den Menschen nur in Abhängigkeit führt. Die Gottlosigkeit unserer Zeit – ich wiederhole es noch einmal – ist die zentrale Ursache für die Ungeborgenheit vieler Menschen. Wenn wir dem Einzelnen sozial helfen wollen, dann ist es wichtig, dass wir ihn wieder an seine Wurzeln führen. Wir werden das tun, auf rein menschlicher Ebene, soweit wir dazu in der Lage sind, auch mit jenem, der gegenüber Glaube und Kirche zugemauert ist. Aber wir wissen im innersten, dass die eigentliche Befreiung des Menschen durch die Begegnung mit Gott geschieht.

Erst in dieser Begegnung macht er eine Erfahrung, die über den Tod hinausgeht. Erst durch die Liebe Gottes lernt er eine Liebe kennen, die tiefer geht als jegliche menschliche Liebe und die auch dann noch standhält, wenn alles Menschliche zerbricht. Der Mensch unserer Zeit, ja unsere Zeit braucht diese Antwort der Liebe, braucht die Wiederentdeckung des lebendigen Gottes, der uns einlädt, in Beziehung zu Ihm zu leben. Es ist wichtig, dass wir das begreifen, auch begreifen, dass das Mission ist – nicht irgendwie eine Werbung für eine christliche Sache. Es geht nicht um Religion, es geht um Glauben und das Vertrauen in Gott, in die Verankerung des Menschen in den ewigen und lebendigen Gott. Es geht um unsere Heimkehr als Kinder Gottes und die Bergung beim lebendigen Gott. Das kann kein Mensch leisten, das schenkt Gott und es geht darum, dass die Blinden unserer Zeit wieder sehend werden und dass das Erbarmen Gottes wieder Raum bekommt in den Herzen der Menschen, aber auch in unserer Kirche und in unserer Gesellschaft.

Die weltliche Sozialarbeit sieht nur das diesseitige Leben. Sie hat den Blick für die Ewigkeit verloren. Auch menschliche Beziehungen vermögen die Frage nach dem Sinn des Lebens, die viele Menschen sich auch heute, wie zu jeder Zeit, stellen, nicht zu beantworten. Denn der Sinn des Lebens liegt in Gott, der der Urgrund des Lebens ist, der Ursprung und das Ziel. Wir sind haltlos, wenn wir nicht in unserem Grund verankert sind. Wenn wir nicht durch Gott gefüllt sind, der durch das lebendige Brot sättigt, dann sind wir leer. Auch der menschliche Halt kann nur ein vorübergehender Halt sein; wenn er zerbricht, dann steht der Mensch vor dem Nichts. Am Ende steht dann Verzweiflung. Viele führt diese Verzweiflung in die Sinnlosigkeit, bis hin zum Suizid.

Die Antwort Gottes nicht unterschlagen

Wir können als Kirche nicht länger schweigen. Wir dürfen die Antwort, die Gott uns durch Jesus Christus gegeben hat, nicht länger der Welt verweigern. Daran ändert sich auch nichts, dass die Welt diese Antwort nicht hören will, weil sie sie nicht versteht. Wir sind gerufen, nach Wegen zu suchen, durch die die Antwort wieder sichtbar wird. Die wenigsten Menschen lehnen letztlich Gott und den liebenden Jesus ab; sie lehnen das spießige Zeugnis vom Glauben ab, das wir ihnen gegeben haben.

Sozialarbeit, die die Fragen nach dem Grund des menschlichen Daseins übersieht, ist nur Arbeit an der Oberfläche. Die tiefe Krise des Menschen in seiner Seele wird sie nicht zu überwinden vermögen, denn sie gibt ihm nicht das, was er braucht und wodurch er seine Seinskrise überwinden kann. Der Mensch in der Krise braucht weder Methoden noch Theorie, auch nicht Weltanschauung. Er benötigt Nahrung, die seine Krise behebt. Diese Nahrung ist die Liebe, die von Gott kommt. Diese Nahrung den Menschen zu reichen, das ist Mission. Die Menschen brauchen die Liebe, die dem Bösen standhält. Es ist die Liebe, die von Gott kommt. Nur wenn der Geist Gottes in uns wohnt, wird er durch uns zu den Menschen gelangen. Der Geist Gottes aber verkündigt sich selbst durch uns, wenn wir ihm Raum geben in uns.

Zugang zum Lebensstrom

Mission besteht darin, dass der göttliche Funke in uns ist und durch uns zu anderen Menschen überspringt, denen sich dadurch die Verheißung Gottes erschließt. Dieser Mission bedürfen die Menschen unserer Zeit. Es geht nicht darum, Menschen, die eine andere Auffassung haben, von der eigenen christlichen Sache zu überzeugen; das ist nicht Mission. Mission ist Verkündigung der Frohen Botschaft der Liebe Gottes und der Erlösung durch Jesus Christus. Mission ist ein Zeugnis der Liebe Gottes, jener Liebe, die den Tod überwindet. Sie ist eine Erfahrung, die jedem zugänglich wird, der sich auf das Geheimnis der Menschwerdung Gottes einlässt.

Mission ist nicht die Übermittlung einer Weltanschauung, sondern die Mitteilung dieser umwälzenden Erfahrung – einer Erfahrung, die die Erfahrung menschlicher Liebe übersteigt. Christliche Mission eröffnet

einen Zugang zu dieser Erfahrung; das ist ihr eigentliches Wesen. Die Vermittlung christlicher Weltanschauung ist lediglich Konsequenz, die sich aus dieser Erfahrung ergibt, eine Hilfe, die Erfahrung zu verstehen, sie einzuordnen und mit ihr umzugehen. Mission hat ihr Fundament in der Offenbarung. Gott selbst offenbart sich durch die Mission. Er bedient sich dabei der Menschen, die sich für die missionarischen Einsätze zur Verfügung stellen, durch ihr Leben, das Zeugnis ablegt vom lebendigen Jesus Christus, auch in dieser unserer Welt.
Nicht Menschen können das Innerste eines Menschen berühren, das vermag nur Gott. Jedes menschliche Mühen darum ist umsonst. Der Mensch kann sich nur aufschließen für das Wirken Gottes und es kann ihm erschlossen werden durch Mitmenschen, die sich für Gott geöffnet haben und deren sich ER bedient. Das ist Mission. Ein Aufbruch zur Liebe Gottes, die einen Dietrich Bonhoeffer in der Todeszelle im KZ Flossenbürg befähigt hat, angesichts der bevorstehenden Hinrichtung von den guten Mächten zu schreiben, in denen wir wunderbar geborgen sind.

Der Halt in Gott

Sozialarbeit der Kirche kann nicht die Aufgabe haben, christliche Weltanschauungen zu verkündigen; sie hat den Auftrag, den Menschen die Quelle des Lebens zugänglich zu machen, die in ihnen verschüttet ist, weshalb sie am Leben gehindert werden. Den Menschen, deren Lebensströme versiegt sind, ist nicht geholfen, solange Quellen, aus denen ihr Leben gespeist wird, nicht wieder freigelegt werden. Das ist missionarischer Auftrag, den wir Christen haben und der im besonderen Maße für jene von uns gilt, deren Auftrag es ist, jenen beizustehen, die am Ende sind. Der Mensch braucht wieder eine Seinsverankerung. Dabei dürfen wir ihm dienen, dürfen ihm helfen, den Anker in die Ewigkeit zu werfen. Einen Anker, der tiefer ist als jeder Mensch, jeder Halt im Menschen oder in den Dingen. Es ist der eigentliche Halt, für den alle Halt-Suche des Menschen nur ein Ersatz ist, weil der Mensch nirgendwo diesen eigentlichen Halt findet, denn bei Gott. Auch zu dieser Wahrheit sollten wir uns bekennen.

Ein revolutionärer Auftrag

Den Armen die Frohe Botschaft bringen. Das ist unser Auftrag. Den Gefangenen die Befreiung, denen, die in Ketten liegen, das Sprengen dieser Ketten. Wir alle sind berufen, diesen revolutionären Auftrag zu erfüllen, mit Gottes Hilfe und aus seiner Kraft. Den Menschen helfen, zu jener Kraft zu gelangen, durch die Bonhoeffer selbst vor seiner Exekution vertrauen konnte. Haben wir den Blick für das Eigentliche verloren, dass wir die revolutionäre Kraft des Evangeliums nicht mehr sehen?

Der Gott, der frei macht

Es gibt Anzeichen, dass die Botschaft des lebendigen Gottes bei den Menschen vom Rande tiefer und existentieller greift als bei den Frommen, die meist gefangen in der bürgerlichen Welt sind. Geht Jesus wieder einmal zu den Zöllnern und Sündern, weil die Gerechten ihn nicht aufgenommen haben? Gilt auch für uns, was er sagt, dass Dirnen und Zöllner, Huren und Betrüger dem Himmelreich näher sind als wir? Sind wir zu satt, um den Menschen das Evangelium zu bringen? Übermitteln wir ihnen eine bürgerliche Moral, oder können sie durch uns diese lebendige Botschaft der Befreiung aufnehmen? Sind wir durchlässig für Gottes Offenbarung, für sein Heilswirken? Oder versperren wir den Armen den Zugang zum Eigentlichen, weil wir die Befreiung nicht leben?

Dann wird unser Dienst zum Zeugnis gegen Christus und gegen die Offenbarung Gottes. Vielleicht ist noch nötiger als die Bekehrung der Armen, dass wir uns selber bekehren. Vielleicht brauchen wir das Zeugnis der Armen, die sich auf den lebendigen Gott eingelassen haben, um ihn wieder zu erkennen, um zu erkennen, dass Jesus Christus tatsächlich lebt, dass Er auferstanden ist von den Toten und dass er auch in unsere Zeit wirkt.

Den Gott, der frei macht – warum können wir Ihn nicht bezeugen? Führen auch wir Ihn auf den Lippen, während unsere Herzen fern von Ihm sind?

Lasst uns aufbrechen ganz besonders zu jenen, zu Christus in den Armen, die Er umgestaltet hat. Lasst uns das Wirken Gottes in unserer Zeit wieder wahrnehmen. Dann wird den Menschen offenbar werden, dass dieser

Glaube ein lebendiger Glaube ist, dass diese Liebe eine ewige Liebe ist, nicht eine religiöse Doktrin.

Soziale Mission

Missionarische Sozialarbeit beginnt nicht mit dem Wort, sondern mit der Liebe. Missionarische Sozialarbeit ist zunächst Mission der Liebe. Es hat keinen Sinn, von Gott anzufangen zu sprechen, wenn die Menschen die Worte nicht verstehen. Es ist wichtig, dass wir die anderen zuerst in die Liebe Gottes hineinnehmen. Mission der Liebe – das entsteht dann, wenn wir ganz für den anderen da sind.
Es kann ein furchtbarer geistlicher Missbrauch sein, wenn wir zu Menschen, die in Not sind, kommen und ihnen religiöse Reden halten, aber ihre Not und ihre Verzweiflung nicht wahrnehmen.
Der Liebende geht auf den anderen ein und wir tun mit ihm die Schritte, zu denen er in der Lage ist – nicht mehr und nicht weniger, in voller Achtung auch vor seinen Mauern, so wie Gott auch unsere Mauern achtet.
Soziale Mission besteht darin, dass wir einfach helfen und uns mit den Menschen über ihre Nöte auseinandersetzen, dass wir da sind für sie, Anteil nehmen an ihrem Leben, ihnen helfen, ihre Not zu überwinden, die Verletzungen, die Schicksalsschläge aufzuarbeiten; dass wir einfach Boten der Liebe sind, dass wir sie lieben aus ganzem Herzen, so wie wir es vermögen und wie Gott es uns schenkt. Aus dieser Mission der Liebe wird die Evangelisierung, die Verkündigung der Frohen Botschaft wachsen. Die Christen sind von jeher an der Liebe erkannt worden.
„Bleibt in meiner Liebe, so, wie mich der Vater gesandt hat, so sende ich euch, so, wie der Vater mich geliebt hat, so liebe ich euch. Wer euch kennt, kennt mich – wer mich kennt, der kennt den, der mich gesandt hat.“ Das sind Worte Jesu, das ist die Herausforderung an uns. Wer uns kennt, kennt Jesus, oder wir verstellen ihm den Blick zu Jesus; und wer Jesus kennt, der kennt den Vater, der kennt Gott, wie er wirklich ist, der kennt den Gott der Liebe, in dessen Arme er sich bergen lassen kann.

9. Modelle christlicher Sozialarbeit

Christliche Sozialarbeit – ein Weg für die Kirche, ein Weg für die Armen. Christliche Sozialarbeit, ein Weg mit dem Glauben. Die kirchliche Sozialarbeit hat ein starkes Defizit. Es ist ein geistliches Defizit. Das darf aber nicht verleiten, jetzt zu fordern, geistliche anstelle sozialer Arbeit für die Menschen zu leisten. Es kann nicht um die Frage gehen: sozial oder geistlich? Der Auftrag der kirchlichen Sozialarbeit ist es, sowohl soziale wie geistliche Arbeit zu leisten. Es geht darum, die Menschen abzuholen, wo sie stehen und ihnen die Hilfen zu geben, die sie brauchen und dabei ihnen keine Hilfen aufzunötigen, die sie nicht in Anspruch nehmen wollen.

Soziale und geistliche Arbeit

Das Angebot der Kirche im sozialen Bereich muss weit gefächert bleiben, um den Menschen gerecht zu werden, um die es geht. Die einseitig sozial ausgerichtete Arbeit soll nicht durch eine einseitig nur geistlich ausgerichtete Sozialarbeit abgelöst werden. Vielmehr geht es um Ergänzung der bisherigen Arbeit. Es reicht einfach nicht, soziale Arbeit zu leisten und den geistlichen Aspekt verkümmern zu lassen. Es ist notwendig, dass beides geschieht. Kirche, Caritas und Diakonie sollen allen Menschen gerecht werden, sowohl jenen, die nach Gott suchen und glauben, als auch jenen, die mit dem Glauben nichts anzufangen vermögen. Alle haben einen Anspruch auf unsere Liebe und Zuwendung. Die Liebe Gottes und auch die Liebe der Christen verschenkt sich bedingungslos. Sie wendet sich nicht nur denen zu, die geöffnet für das Evangelium Jesu Christi sind, sondern allen Menschen, die Hilfe bedürfen.
Die Not ist das ausschlaggebende Kriterium für die Hilfe des Christen und auch für die Hilfe der Kirchen. Soziale Arbeit ist Antwort auf die Not, es ist Antwort der Liebe, Antwort von Kirche, Antwort der Christen.

Es gibt wichtige Stationen der Heilsgeschichte Gottes, an denen wir uns mit der sozialen Arbeit aus dem Glauben orientieren können. Auch Gott hat nicht mit der Vollendung begonnen, sondern er ist mit den Menschen einen Weg gegangen. Am Ende dieses Weges steht das Ereignis der Erlösung durch Jesus Christus.
Die Heilsgeschichte ist eine Geschichte Gottes, der um die Menschen ringt, die aus dem Paradies vertrieben worden sind, durch ihre eigene Schuld; durch ihre Absicht, ein Reich ohne Gott zu schaffen. Gott kämpft um die Menschen, die immer wieder in die Gefangenschaft geraten, aufgrund ihrer Schuld, aufgrund ihrer Verstrickung in Egoismus, in Absonderung, ja in Absonderung von Gott selbst.
Das erste große Bild, das wir in der Heilsgeschichte übermittelt bekommen, ist das Bild der Sintflut und die Errettung durch Gott, der den Noah und die Seinen in die Arche führt. Bergung und Rettung aus der Sintflut. Gott lässt die Menschheit nicht untergehen, sondern er bewahrt Menschen, die einen Neuanfang miteinander gehen können.
Ein zweites Bild aus der biblischen Geschichte ist Exodus, der Auszug der Juden aus der ägyptischen Gefangenschaft. Mose geht ihnen voran, aber Gott selbst ist es, der sie führt. Sie wissen noch nicht, wohin es geht, aber sie spüren den Wind der Befreiung. Freilich ahnen sie nicht, dass ihr Weg erst durch eine lange Wüste gehen wird, eine Wüste, die dadurch entsteht, dass sie immer wieder rückfällig werden, sich immer wieder von Gott abwenden und damit in die Irre gehen.
Neu wird die Geschichte durch das Kommen des Menschensohnes. Ein Bild Heilsgeschichte ist auch Nazareth. Die Bergung des Menschen in der geistlichen Familie, in der Familie der Kinder Gottes. Und schließlich ein weiteres Bild, das von Emmaus. Die Jünger, die mit Jesus, dem Auferstandenen unterwegs sind und ihn zunächst nicht erkennen, aber von ihm berührt werden und schließlich, nachdem sie ihn erkannt haben, zu den anderen zurückeilen, um auf das Weitere zu warten, auf das Kommen des Heiligen Geistes.
Verschiedene Wege und doch ein Weg, ein Weg der Rettung aus dem Verderben, ein Weg des Aufbruchs zum neuen Leben, ein Weg mit der himmlischen Familie und schließlich ein Weg des Unterwegsseins mit Gott. Diese Stationen der Heilsgeschichte können uns Orientierung geben für unsere Arbeit mit den Menschen. Wie Gott selbst dürfen wir uns den Armen zuwenden, den Gefangenen, den Gebundenen, den Ge-

knechteten. Wie er selbst, dürfen wir verschiedene Wege der Befreiung mit ihnen beschreiten. Die Wege der Heilsgeschichte sind auch Wege für die christliche Sozialarbeit heute.

Das Arche-Modell

Die Arche ist ein Symbol-Begriff geworden für die Bergung von Menschen. „Arche" – Bergung von Menschen in Not, Bergung von Menschen, auch aus der Sintflut, der Sündflut unserer Zeit. Die Menschen, die in unserer Gesellschaft nicht mehr zurecht kommen, jene, die an den Rand der Gesellschaft geraten sind, sie brauchen Archen, Archen, in denen sie geborgen werden. Archen für Menschen in Not, für Verzweifelt;, liebende Gemeinschaften, in denen sie aufgenommen werden und liebende Menschen, die sich ihnen und ihrem Schicksal zuwenden, die Erbarmen haben. Menschen, durch die das Erbarmen Gottes zu den Armen kommt.

Die Arche-Berufung ist eine wunderbare Berufung; Menschen sind bereit für andere; Menschen reichen denen, die ins Abseits geraten sind, die im Sumpf stecken, die Hand, um ihnen herauszuhelfen. Sie sind Boten der Liebe Gottes. Wir brauchen Arche-Berufungen in dieser unserer Zeit.

Menschen, die da sind für andere, die nicht danach fragen, ob der andere schuldig geworden ist oder nicht. Die auch nicht danach fragen, ob der andere glaubt oder nicht, wo er herkommt, welcher Rasse er angehört oder welcher Nationalität oder Religion. Menschen, die den anderen lieben um seiner selbst willen. Die einfach da sind, die helfen, die Wege ebnen, Wege aus der Verzweiflung und aus der Not.

Das Arche-Modell besteht darin, dass Christen für andere da sind. Es geht nicht nur um materielle Hilfe, es geht auch um menschliche Hilfe, um Zuhören, um Anteilnahme am Schicksal des andern, den anderen bergen, so wie der barmherzige Samariter den unter die Räuber Gefallenen geborgen hat.

Evangelisation der Liebe

Wir brauchen Arche-Berufungen in unserer Zeit. Wir brauchen Gruppen und Gemeinschaften, die Arche für andere Menschen sind, die den Raum geben inmitten dieser Welt, inmitten dieser Sintflut, den Raum zum Ausruhen, zum Kraft sammeln, zur Neuorientierung. Den Raum zur Aussprache, in dem eine Brücke gebaut wird zum Leben. Wenn mitten in einer Welt, die zerstörerisch ist, aufbauende Gemeinschaft gebildet wird, entsteht „Arche". Liebende Christen, die einfach da sind, die aufnehmen, nicht nur aufnehmen in Häuser oder in Gemeinschaften, sondern vor allem aufnehmen in die Herzen. Arche-Gruppen könnten gebildet werden für gestrandete Menschen, für Obdachlose, für Alkoholiker, für Arme, für Ausgestoßene, für Menschen am Rande. In solchen Arche-Gruppen sollten Menschen Aufnahme finden, die ins Abseits geraten sind. Sie sollten wieder zur Ruhe kommen können, Menschlichkeit erfahren, Menschen treffen, die ihnen zuhören, die Anteil nehmen an ihrem Schicksal.

Arche-Gruppen sollten Orte sein der Aussprache, des Fallenlassens, Wärmestuben, jedoch nicht nur Wärmestuben im materiellen Sinn, dass da ein Zimmer beheizt ist, sondern menschliche Wärmestuben. Wärmestuben, die entstehen durch Menschen, die herzlich sind, die mit dem Herzen auf andere zugehen und sie hineinnehmen in die menschliche Gemeinschaft. Das ist Arche.

Nicht nur lieben, sondern Liebe lehren

Unser Dienst darf jedoch nicht bei der Arche stehen bleiben. So wichtig es ist, dass wir andere Menschen in die Liebeserfahrung hineinnehmen, dass wir sie um ihrer selbst willen lieben, so wichtig ist es auch, dass wir ihnen den Weg in die Freiheit zeigen. Es reicht nicht, dass sie von uns geliebt werden, es ist wichtig, dass sie selbst wieder aufbrechen, Verantwortung für ihr Leben übernehmen, ja dass sie selbst Liebende werden.

Gib nicht dem Hungernden dein Brot, sondern lehre ihn, Brot zu backen. Diese Weisheit gilt auch für die Menschen vom Rande in unserer Gesellschaft. Es genügt nicht, sie zu lieben um ihrer selbst willen, trotz aller Schuld und Verkommenheit oder Vergangenheit. Es ist wichtig, sie zu ermutigen, sich selbst wieder auf den Weg zu machen. Gib dem Armen nicht nur Liebe, sondern lehre ihn zu lieben.

Niemand kommt allein schon dadurch aus dem Sumpf, dass ihm eine Hand gereicht wird. Es ist wichtig, dass er selbst diese Hand ergreift und sich wieder auf den Weg macht. Die meisten Menschen vom Rande sind nicht nur arm, sondern auch gefangen, gefangen in Schuld und Unversöhntheit. Viele sind nicht fertig geworden mit Familientragödien und haben sich und ihr Leben aufgegeben, das hat den sozialen Absturz bewirkt, sie haben den Lebensmut verloren. Es reicht nicht, ihnen wieder Wohnung und Arbeit zu geben. Es genügt auch nicht, sich ihnen menschlich zuzuwenden. An ihrem Leben wird sich erst etwas ändern, wenn sie selbst bereit sind, neu zu beginnen. Der Auszug aus der Gefangenschaft ist die Antwort, die notwendig ist, als Antwort auf die Liebe, die geschenkt worden ist. Exodus, der Auszug aus der Gefangenschaft – das ist die Fortsetzung der „Arche“.

Das Exodus-Modell

Wer nur in der Arche bleibt, der kommt nicht weiter. Die Bergung der anderen reicht nicht, das eigene Elend zu überwinden. Notwendig ist der eigene Schritt, die eigene Entscheidung zum Neuanfang. Die „Arche“ gibt die erste Hilfe, der „Exodus“ ist die Antwort auf diese Hilfe, die Antwort auf das Erbarmen Gottes und das Erbarmen auch von Menschen.

Es sollten Exodus-Gruppen entstehen für Menschen, die sich entschieden haben, ein neues Leben zu beginnen. Exodus, der Auszug aus der Gefangenschaft, der Aufbruch in ein neues Leben. Die Entscheidung gegen das Alte und für das Neue, gegen Sucht, Gewalt, Kriminalität, gegen Angst und Aggression, gegen Triebhaftigkeit, materielle Begierde und Machtstreben, die Entscheidung für Wahrhaftigkeit und Liebe.

So wie die Israeliten aus der Gefangenschaft Ägyptens ausgezogen sind, so sind auch in unserer Zeit Menschen, die gefangen sind, aufgerufen, sich ihrer Fesseln zu entledigen und den Weg in die Freiheit zu gehen. Sie sind eingeladen, diesen Exodus-Weg zu beschreiten, der ein Weg auch für Menschen ist, die Gott noch nicht erkannt haben, die aber das Verlangen haben, ein anderes Leben zu führen – ein Leben, das von Echtheit und Liebe geprägt ist. In Exodus-Gruppen könnten sich Menschen, die sich für einen Neubeginn entschieden haben, zusammenschließen, um sich miteinander auf den Weg zu machen. „Exodus“ ist ein Weg der Selbsthilfe, ein Weg sozialer Selbsthilfe. Unterstützt werden kann dieser Weg von Menschen und Christen, die jene ermutigt haben, ihre Gefangenschaft zu beenden und für die Freiheit ihres Lebens einzutreten.

Während die Arche-Gemeinschaft von Helfern geführt wird, die aufnehmen, ist die Exodus-Gruppe eine Gruppe in der Verantwortung von Betroffenen. Sie selbst stehen füreinander gerade. Sie selbst ebnen einander den Weg, gestützt und getragen von christlichen Freunden.
Christliche Sozialarbeit wird solche Initiativen von Betroffenen fördern, auch wenn diese nicht offen für den Weg des Glaubens sind. Allein die Bereitschaft zur Umkehr, vom bisherigen Leben Abstand zu nehmen, ist ein Motiv dafür einzutreten, dass die Menschen ihren Weg in die Freiheit finden, auch wenn es kein Weg in die Kirche ist. Die Liebe Jesu erfordert die Bergung des Menschen in der Arche, aber auch die Ermutigung zum Exodus, zum Auszug aus ihrer Gefangenschaft, ungeachtet ob sie aus diesem Auszug heraus den Zugang zum lebendigen Gott finden.

Bergung in der Liebe Gottes

Viele Arme und Notleidende unserer Zeit haben Gott wiedergefunden. Sie haben sich in ihrer Verzweiflung an den lebendigen Gott gewandt und er hat ihnen Antwort gegeben. Es gibt Menschen, die in der Gosse liegen und die sich in ihrer Verzweiflung an Gott wenden und die Antwort erfahren auf ihr Gebet. Es gibt solche, die im Gefängnis Zuflucht nehmen zum lebendigen Gott und erfahren, dass seine Liebe sie umgibt. Für manchen ist der Punkt kurz vor der Überdosis, in dem sie Gott begegnen, der letzte Schrei der Verzweiflung, der sie in die Gegenwart Gottes führt, dem sie sich zuwenden.
Es gibt Menschen in Szenen und Randgruppen, denen mit rein sozialer menschlicher Hilfe nicht zu helfen ist. Sie brauchen die Antwort des Glaubens. Sie suchen die Erfahrung der Liebe Gottes. Sie suchen Verbindung zum unendlichen und ewigen Gott. Und sie brauchen Menschen, die sie an die Hand nehmen und die mit ihnen zum Vater gehen. Menschen, die geistliche Gemeinschaft mit ihnen bilden, Menschen, die sie einführen in das Evangelium der Liebe, die ihnen die Frohe Botschaft zugänglich machen, die sie hineinnehmen in das Geheimnis des Glaubens und der Liebe, in das Geheimnis des Lebens mit Jesus Christus, den menschgewordenen Gottessohn, der geboren wurde, gekreuzigt wurde und auferstanden ist von den Toten, und der mit uns in Verbindung steht durch seinen Heiligen Geist, so wie er es kurz vor seiner Himmelfahrt verheißen hat.

Es gibt Menschen in Not, für die nichts wichtiger ist als die Begegnung mit Glaubenszeugen, mit Menschen, die an Jesus glauben und die sie in diese Erfahrung mit dem Lebendigen hineinnehmen können. Diese Menschen brauchen geistliche Familie. Menschliche Familie ist zu wenig, Bergung in der Liebe von Menschen reicht nicht aus. Sie brauchen die Familie der Kinder Gottes, die Familie, in deren Mitte Jesus ist, die Gemeinschaft, die miteinander zu Jesus geht.

Das Nazareth-Modell

Nazareth steht für die geistliche Familie. So wie Jesus in der Familie mit Maria und Josef aufwachsen durfte, so sollen auch Menschen vom Rande Gelegenheit bekommen, in Nazareth-Familien aufzuwachsen, hinzuwachsen in die Liebe Gottes, sich bereiten zu lassen für den Weg des Glaubens und der Liebe, für den Weg der Nachfolge Jesu Christi.

Sie brauchen geistliche Eltern oder Geschwister, die ihnen Anteil geben an ihren eigenen Erfahrungen und ihnen den Weg zeigen, wie sie mit Jesus ihr Leben neu gestalten und verändern können. Menschen, die sie zur Versöhnung hinführen, zur Versöhnung auch mit dem lebendigen Gott. Und die ihnen die Wege der Heilung aufzeigen, der Heilung durch die Umkehr, aber auch der Heilung durch die Begegnung mit Jesus, der auch unser Heiland in dieser Zeit sein will.

So wie Jesus in Nazareth zugerüstet worden ist für seine Berufung, so sollen auch Menschen in der geistlichen Familie zugerüstet werden für ihren Weg mit Jesus in unserer Welt. Nazareth ist das Modell der geistlichen Bergung und Zurüstung.

Aufbruch in die Nachfolge Jesu

Doch auch bei Nazareth darf es nicht bleiben. So wie der Mensch, der in der Arche geborgen worden ist, den Schritt braucht, den Auszug aus der Gefangenschaft, so ist es auch für den Menschen, der in geistlicher Familie geborgen worden ist, wichtig, sich selber auf den Weg zu machen – nicht nur auf den Weg aus seinen Bindungen heraus, auch nicht nur auf den Weg der Umkehr vom alten Leben, sondern auf den Weg mit Jesus, auf den Weg der Nachfolge.

Es kommt die Zeit, wo nicht mehr Bergung wichtig ist, sondern das Losziehen mit Jesus. Sich selber mit Jesus auf den Weg machen, den Weg gehen, den er zeigt. Unterwegs sein mit dem Herrn, den Fußstapfen Jesu folgen, aufbrechen mit Jesus und zu Jesus hin, den Weg Jesu gehen aus eigener Entscheidung, nicht mehr nur durch das Vorbild und die Betreuung von anderen Christen. Selbst aufbrechen, um Räume für Gott zu schaffen. Aufbrechen, das Evangelium zu verkündigen, selber Zeugen sein, Zeugen der Befreiung durch die Liebe Gottes, Zeugen auch der Befreiung durch ein Leben mit dem lebendigen Gott. Wer die Liebe Gottes erfahren hat, dem wird es zum Verlangen, diese Liebe weiterzugeben.

Das Emmaus-Modell

Das ist auch das Verlangen der Emmaus-Jünger, der Emmaus-Jünger auch unserer Zeit. Das sind die Menschen, die aus der Finsternis und Verzweiflung in die Begegnung mit dem lebendigen Gott gekommen sind, der ihr Leben wieder hell und licht gemacht hat. Menschen, die durch den auferstandenen Jesus wieder Sinn in ihrem Leben gefunden haben und die entschlossen sind, den Weg weiterzugehen, den Jesus ihnen gezeigt hat.
Das Emmaus-Modell ist ein Modell von Betroffenen, die mit Jesus losziehen, das Modell einer Selbsthilfe-Gemeinschaft, das von anderen nicht geleitet, sondern begleitet wird. Eine Selbsthilfe-Gemeinschaft, die Betroffene selber leiten, Betroffene, die Jesus kennen gelernt und lieben gelernt haben und die seine Zeugen, seine Jünger sein wollen.

Menschen nicht in Schubladen stecken

Caritative Einrichtungen und Institutionen haben Modelle entwickelt, in denen sie Menschen weiterhelfen. Es gibt Modelle verschiedenster Therapien, es gibt auch im Freikirchen-Bereich Modelle geistlicher Therapien, aber es gibt zuwenig Wege, in denen mit den Betroffenen das gesucht wird, was sie brauchen. Mancher von den Menschen vom Rande leidet darunter, dass er in Schubladen gesteckt wird, in Gemeinschaften, in Einrichtungen, die ihm nicht entsprechen. Er fühlt sich neu angeglichen, angeglichen an eine Welt, die nicht die seine ist und bricht von neuem wieder aus, verzweifelt auf der Suche nach dem, was das seine ist, und was er letztlich selbst nicht kennt.

Es ist wichtig, dass Sozialarbeit sich an den Menschen orientiert und dass die Strukturen geschaffen werden, die die Menschen brauchen. Diese kommen selten in starren Einrichtungen weiter.

Fliessende Modelle

Sie brauchen fließende Modelle, verschiedene Gemeinschaftsmodelle, in denen sie wachsen und reifen können.
Es mag einer eine Zeitlang eine soziale Gruppe brauchen, weil er sich für eine geistliche nicht öffnen kann. Durch den Zugang zum Glauben kann sich sein Bedürfnis wandeln. Er braucht jetzt geistliche Gemeinschaft, um diesen Gott, den er kennen gelernt hat, näher erleben und Gemeinschaft mit ihm und Gleichgesinnten haben zu dürfen.
Ähnlich sind Entwicklungsschritte wichtig aus der betreuten Gemeinschaft in die Selbsthilfegemeinschaft. Aus der bergenden Situation in die Situation, in der der Betroffene selber Verantwortung übernimmt.
Christliche Sozialarbeit hat die Aufgabe, die Menschen abzuholen, wo sie stehen, um mit ihnen die Schritte zu gehen, die sie jetzt zu gehen vermögen, sie aber auch weiter zu leiten und zu begleiten, wenn sie zu weiteren Schritten bereit sind.

10. Plädoyer für eine Diakonie-Bewegung

Das ist christliche Sozialarbeit, nicht eine enge geistliche Arbeit, aber auch nicht eine geistlich verkümmerte reine soziale Arbeit. Gib den Menschen die Speise, die sie brauchen. Alle werden gebraucht. Niemand kann alles abdecken, was die Menschen benötigen.

Das Kapital der Ehrenamtlichen

Soziale Arbeit, die sich allein oder überwiegend auf Hauptamtliche konzentriert, ist eine Arbeit, die den Menschen, die in Not sind, nicht gerecht werden kann. Niemand kann diese Vielfalt leisten und schon gar nicht kann jemand den vielen Notsituationen gerecht werden. Wenn caritative Arbeit den Menschen wirklich helfen will, dann darf sie sich nicht auf die Hauptamtlichen beschränken. Dann ist es wichtig, das Kapital, das in den Menschen steckt, das Kapital der Christen, freizusetzen und einzusetzen für die Menschen, die andere brauchen.
Soziale Arbeit kann heute ohne den Ehrenamtlichen, ohne den engagierten Christen, nicht mehr auskommen. Die Not wird größer und die Zahl der Stellen, die bezahlt werden können, wird geringer. Wenn diese Schere nicht weiter auseinander klaffen soll, dann ist es wichtig, die Gaben freizusetzen, die im Volk Gottes verborgen sind und die Liebe auch derer abzurufen, die, sei es durch die Taufe, sei es durch ihre Bekehrung, Kinder Gottes geworden sind.
Die Gaben im Volk Gottes sind verschieden, wir dürfen uns nicht mit den Gaben der Hauptamtlichen alleine abfinden. Alle in einer Kirchengemeinde haben Gaben; Gaben, die für andere wichtig sein können. Die verschiedensten Gruppen in einer Pfarrgemeinde haben unterschiedliches einzubringen für die Menschen. Es gibt Vereinigungen, die mehr sozial ausgerichtet sind und andere, die mehr geistlich orientiert sind. Jede dieser Gruppierungen kann wichtig für Menschen in Not sein. Und es ist von großer Bedeutung, ob dies frei gesetzt wird für die Menschen oder ob einige Hauptamtliche sich abmühen, die schnell an ihren Grenzen angelangt sind.

Das Kapital der Liebe

Wir alle sind gerufen, gute Hirten zu sein. Die Liebe, die in den Christen steckt, ist das Kapital, das für die Armen fruchtbar werden kann. Christliche Sozialarbeit ist aufgerufen, alle Kräfte im Leib Christi zu mobilisieren für die Armen und für die Menschen vom Rande. Ein jeder soll den Beitrag geben, den er zu leisten vermag.
Wem es nicht liegt, andere in den Glauben einzuführen, der darf unbekümmert und mit gutem Gewissen sich für die einsetzen, die einfach aus ihrer Not heraus einen Weg für sich suchen. Und jene, denen es nahe ist, andere zu Jesus hinzuführen, dürfen die Freiheit in Anspruch nehmen, mit Menschen am Rande Gebetskreise, Bibelgruppen oder geistliche Gemeinschaften zu bilden mit denen, die sich mit Jesus, mit dem lebendigen Gott, auf den Weg machen wollen.
Wir brauchen alle. Wir brauchen keine Einbahnstraße zu gehen und wir brauchen auch den Menschen nicht in eine Einbahnstraße zu geleiten. Die Unterschiedlichkeit an Gaben, an Ausrichtungen in unserer Kirche, die nicht selten zu Spaltungen führen, können auch unterschiedliche Gaben sein, die einander ergänzen. Wir brauchen alle und wir brauchen einander.

Die Armen in die Mitte nehmen

Das ist der Auftrag der Kirche, sich in ihrer Verschiedenheit um die Armen zu versammeln und die Armen, die Menschen vom Rande, in die Mitte dieser Kirche zu nehmen. Das wird auch zur Erneuerung der Kirche beitragen, wenn Christus in den Armen wieder gegenwärtig und lebendig ist. Wenn sie wieder in der Kirche ihr zu Hause haben. „Was ihr dem Geringsten meiner Brüder getan, das habt ihr mir getan," spricht der Herr. Die Christen, die bereit sind, Gott in den Armen zu dienen, werden zu einer neuen Familie. Gott schenkt ihnen neue Kinder. Die Armen, Verzweifelten, die Gefangenen, die Menschen vom Rande, werden Söhne und Töchter, Brüder und Schwestern derer, die sich im Namen Jesu auf sie einlassen.
Es entsteht tiefe Gemeinschaft zwischen denen, die sich von Gott rufen lassen und denen, die sich auf den Weg der Umkehr begeben. Gott selbst stiftet die Liebe, die Fremde miteinander verbindet und sie zu Brüdern macht. Gott selbst bildet Familie; Familie, zu der er selber gehört. Auch

wenn es eine Familie ist, die nach außen nicht so gläubig erscheint, weil sie mehr den Arche- als den Nazarethdienst tut.

In der Liebe ist Christus gegenwärtig

Die Gegenwart Christi ist die Gegenwart der Liebe. Es ist nicht nur eine Gegenwart in den frommen Kreisen; Gott ist gegenwärtig, wo Menschen lieben und seine Liebe weitergeben.
Die sich auf die Liebe einlassen sind die Beschenkten, egal, ob es sich um die Betroffenen handelt oder um ihre Helfer. Die Menschen in Not verändern durch ihre Echtheit und Nacktheit jene, die sich ihnen zuwenden und die durch sie in diese Nacktheit und Echtheit hineingenommen werden. Und sie verändert die Betroffenen, die Liebe erfahren ebenso wie jene, die durch die Not der anderen zur Liebe herausgefordert werden.
Die Not der Menschen ist eine Herausforderung zur Liebe. Wir brauchen die Not, um wirklich lieben zu können. Und Gott braucht unsere Antwort auf diese Not. Christliche Sozialarbeit ist herausgefordert, auf die Familienbildung für die Armen in der Kirche hinzuwirken und jene zu unterstützen und zu begleiten, die sich einlassen auf dieses geistliche und menschliche, auf dieses wirkliche Christusgeschehen.

Der diakonische Dienst

Wenn kirchliche Sozialarbeit zum bezahlten Job wie jeder andere wird, handelt es sich um eine Form der Degenerierung des ursprünglichen Gedankens und des ursprünglichen Auftrags. Die kirchliche Sozialarbeit hat ihre Wurzeln im Auftrag der Diakonie, der schon in der Urkirche erteilt worden ist. Es sind die Diakone beauftragt worden für den Dienst an den Tischen, für den Dienst an den Armen.
Der ursprüngliche Auftrag der kirchlichen Sozialarbeit ist ein Auftrag der Liebe, ein Auftrag des Dienens, der Hinwendung zu den Menschen, die im Abseits sind, ein Auftrag des Erbarmens. Dieser Auftrag ist in der Urgemeinde Menschen erteilt worden, die als besonders lauter galten, die durch das Zeugnis ihres Lebens andere überzeugt haben. Menschen also, die die Liebe Jesu alltäglich gelebt haben. Aus der Hinwendung zu den Menschen ist ihre Berufung gewachsen. Das ist das natürliche

Fundament des sozialen Dienstes. Das Fundament für den sozialen Dienst ist die Liebe zu den Menschen, gerade zu den Armen.
Ohne dieses Fundament können wir den Dienst nicht tun, weder ehrenamtlich noch hauptamtlich. Es hat in unserer Zeit den Anschein, dass sich die Gewichte verschoben haben, dass „Studium" und „fachliche Ausbildung" das Fundament geworden ist, aber das eigentliche Fundament vernachlässigt wird, das menschliche Fundament, das Fundament des Erbarmens.
Wer keine Liebe zu den Menschen hat, taugt nicht für den sozialen Dienst, schon gar nicht für den sozialen Dienst in der Kirche. Die Liebe ist die Triebkraft allen sozialen Tuns. Wer ohne Liebe ist, der kann den Menschen nicht wirklich begegnen.

Die Sendung der Kirche

Der kirchliche Sozialarbeiter, mag er sich von Gott berufen wissen oder nicht, steht in der Sendung der Kirche. Es mag ihm bewusst sein. Er kann das aber auch aus dem Auge verloren haben.
Es ist aber etwas anderes, ob jemand nur im Auftrag einer caritativen Institution steht oder ob er auch in einer Sendung steht, in der Sendung der Kirche Jesu Christi, der Sendung einer mystischen Gemeinschaft, zu der Gott selbst gehört, nicht nur die schwachen Menschen auf Erden. Diese Sendung ist durch Jesus Christus an seine Jünger und Apostel und durch sie auch an die Kirche von heute ergangen.
Es ist tragisch, dass dafür kaum ein Bewusstsein vorhanden ist. Der kirchliche Mitarbeiter wird angestellt wie ein anderer Mitarbeiter in einer caritativen Einrichtung auch, und er wird nicht geistlich gesendet. Es wird nicht diese geistliche Verbindung hergestellt. Für wohl die meisten kirchlichen Mitarbeiter dürfte es austauschbar sein, ob sie bei der Caritas, bei der Diakonie, beim Roten Kreuz oder beim Paritätischen Wohlfahrtsverband arbeiten. Dennoch ist es, geistlich gesehen, ein gewaltiger Unterschied, ob sie im Dienst der Welt oder im Dienst der Kirche stehen. Der Dienst der Kirche ist mit der Sendung Jesu Christi und seiner Apostel eng verknüpft. Es ist ein grundsätzlich geistlicher Dienst. Es ist eine Fehlentwicklung, dass sich die Kirche im sozialen Dienst immer mehr zu einem weltlichen Arbeitgeber entwickelt hat.
Die geistlichen Wurzeln haben viele Mitarbeiter und selbst die Verantwortlichen der kirchlichen Sozialeinrichtungen aus dem Auge verloren.

Es genügt nicht, wenn geistliches Gedankengut in den Leitsätzen der kirchlichen Wohlfahrtsverbände formuliert wird, wenn nicht das Fundament des Lebens der Glaube, das geistliche Leben, ist. Der Anspruch in den Papieren muss vom Leben derer, die arbeiten, gedeckt sein. Christus soll die Mitte des sozialen Tuns in kirchlichen Einrichtungen sein – ein Anspruch, der, wie mir scheint, weit weg von unserer gegenwärtigen Realität ist. Wissen sich kirchliche Mitarbeiter gesendet durch die Kirche, durch die Kirche Jesu Christi, mit der so mancher von ihnen im Hader liegt oder sehen sie in der Kirche nur einen von vielen Arbeitgebern?

Institutionalisierung der Nächstenliebe

Die Kirche ist in den Zugriff der Welt gekommen. Durch die Institutionalisierung der Nächstenliebe hat sie sich ganz wesentlich ihres ursprünglichen Auftrags beraubt. Menschliche Hilfe ist nicht der Auftrag für eine Institution in der Kirche, es ist der Auftrag für die ganze Kirche. Die Armen dürfen nicht abgeschoben werden an caritative Einrichtungen. Die Armen sind wichtig für die Kirche. Sie gehen uns alle an. Sie sind ein Anruf für alle Glieder des Leibes Christi.

Wir drücken uns nicht nur vor der christlichen Nächstenliebe, sondern wir berauben uns einer zentralen Begegnung mit unserem Herrn, der im Armen vor unserer Tür steht und der nicht nur äußere Hilfe will, sondern der uns braucht und der durch die Liebe, die wir schenken, auch uns selber erneuern will. Die Kirche darf nicht des Liebesdienstes an den Armen beraubt werden. Wohl darf einzelnen Gliedern der Kirche dieser Auftrag für die Armen in besonderer Weise erteilt werden, aber nicht stellvertretend für uns alle, sondern ergänzend und auch bereitend.

Es darf nicht sein, dass kirchliche Sozialarbeit den Gläubigen die Möglichkeit der Nächstenliebe wegnimmt. Wenn das geschieht, verliert Kirche wesentlich von ihrer ursprünglichen Gestalt. Zu ihrem Wesen gehört es, dass sie sich denen zuwendet, die in Not sind, dass so Erbarmen geschenkt wird. Nicht nur von Einrichtungen, sondern von Menschen, von allen. Alle sind gerufen. Der Ruf Gottes für die Armen ist ein Anruf für alle Christen, ohne Ausnahme. Zu jedem sagt Jesus: „Ich war gefangen und du hast mich besucht. Ich war krank und du bist zu mir gekommen. Ich war nackt und du hast mich bekleidet.“ Jesus hat nicht gesagt: Ihr habt eine caritative Institution geschaffen und die hat alle Aufgaben für mich übernommen.

Auftrag des ganzen Leibes Christi

Soziale Arbeit ist nicht nur ein Auftrag kirchlicher Wohlfahrtsverbände, sondern ein Auftrag der ganzen Kirche, des ganzen Leibes Christi. Soziale Arbeit ist Aufgabe der Kirchengemeinden, der Pfarrgemeinden. An diesen Aufgaben kommen wir nicht vorbei. Es ist Sünde der Christen, wenn sie diesen Auftrag abtreten an Institutionen, um ihn nicht mehr selber erfüllen zu müssen. Der Auftrag der Nächstenliebe darf nicht aus den Pfarrgemeinden ausgegliedert werden. Es ist eine Schande, wenn dieser Liebesdienst neben den Gemeinden und nicht in den Gemeinden stattfindet.

Caritas und Diakonie haben eine Fehlentwicklung genommen, wenn sie sich nicht in der Mitte der Gemeinden ansiedeln und zum Träger des sozialen Tuns aller Gläubigen werden. Ihre Aufgabe wäre es, Anwalt der Armen und Schwachen zu sein und dafür Sorge zu tragen, dass die Kirchengemeinden und die Gläubigen die Armen wieder in den Blick bekommen und dass sie ihnen dienen. Auftrag von Caritas und Diakonie wäre es, zur Freisetzung der Liebe, die in den Gläubigen steckt, beizutragen. Für die Armen zu rufen, für sie zu mobilisieren, die Liebe freizusetzen für die, die zu kurz gekommen sind.

Die Pfarrgemeinde als Ort des diakonischen Dienstes

Es kann nicht der Platz der caritativen Einrichtungen sein, anstelle der Gläubigen diese Dienste zu tun. Der eigentliche Platz des diakonischen Wirkens muss die Pfarrgemeinde sein, die Gemeinschaft der Gläubigen. Caritative Einrichtungen können ergänzende Dienste tun, die der Laie nicht zu bewältigen vermag. Und sie haben den Auftrag, die Gläubigen zu animieren und ihnen auch die Notsituationen unter den Menschen deutlich zu machen.

Der Platz der kirchlichen Sozialarbeit ist in der Gemeinde. Wenn sie sich neben der Gemeinde niedergelassen hat oder sich gar außerhalb der Gemeinde befindet, dann hat sie ihren eigentlichen Auftrag verfehlt. Nicht zuletzt wird eine solche Sozialarbeit die Armen aus der Gemeinde in die Institutionen führen, weil sie dann in der Institution und nicht in der Kirche die Hilfe erfahren.

Einheit von Diakonie und Seelsorge

Caritas und Seelsorge gehören zusammen. Sie dürfen nicht abgespalten werden und nicht abgespalten bleiben. Es sind dieselben Menschen, für die wir gerufen sind mit unterschiedlichen Gaben, die eins werden, wenn wir Christus in den Menschen sehen und ihm dienen. Es kann nicht streng getrennt werden zwischen Seelsorge und Sozialarbeit. Wer dem Menschen dient, der wird den ganzen Menschen sehen, Leib und Seele.

Wir können den Menschen nicht zum Gespräch zum Sozialarbeiter und zum Gebet zum Pfarrer schicken. So dürfen wir auch Caritas und Seelsorge nicht aufspalten. Für die Betroffenen wird es ohnehin wichtig sein, dass sie dem vertrauen, an den sie sich wenden. Natürlich wird dann der eine, wenn er mit seinen Möglichkeiten am Ende ist, an den anderen verweisen.

Aber der Dienst der Caritas und der Dienst der Seelsorge müssen gemeinsam geleistet werden. Es ist ein gemeinsamer Auftrag, kein Auftrag, der nebeneinander verrichtet werden darf. Nächstenliebe und geistlicher Beistand dürfen nicht eine Angelegenheit der Experten bleiben, der Studierten. Alle Christen haben diesen Auftrag. Alle sind nicht nur gerufen, den Armen zu dienen, sondern auch gerufen, das Evangelium Jesu Christi zu verkündigen. Soziales Tun und geistliches Leben sind ein Grundauftrag für alle Christen, ausnahmslos. Alle sind dazu berufen und müssen neu dafür gerufen werden.

Wenn Seelsorge, wenn caritatives Tun auf die Hauptamtlichen abgeschoben wird, dann werden die Christen ihres Auftrages beraubt und wir brauchen uns nicht über den Tod unserer Kirchengemeinden wundern. Die Gläubigen müssen wieder ermutigt werden, ihren ursprünglichen Auftrag zu tun.

Die Experten der Seelsorge und der Sozialarbeit, die Priester und die sozialen Helfer sollen ihnen aber Anleitung und Anregung geben. Es geht nicht nur um eine Erneuerung der kirchlichen Sozialarbeit, es geht auch um eine Erneuerung des Glaubens und der Liebe.

Die ursprüngliche diakonische Berufung

Es wäre wünschenswert, wenn die Kirche die Berufung des Diakons in seiner ursprünglichen Bedeutung wiederentdeckt. Es ist schön, dass diese Berufung in der Kirche wieder wahrgenommen wird. Aber es genügt nicht, dass der Diakon der liturgische Helfer des Priesters am Altar und im kirchlichen Dienst ist. Der Diakon hat vom Evangelium her seinen ganz eigenen Auftrag. Er hat den Auftrag für die Armen. Der Diakon soll in erster Linie der Diener der Armen sein.

Sein Auftrag müsste sein, als sozialer Helfer und Seelsorger zuerst für die Menschen vom Rande, für die, die im Abseits stehen, dazusein. Ihnen die besondere Aufmerksamkeit zu widmen, für sie Sorge zu tragen, ja für sie einzutreten, dass sie aus dem Rand- und Schattendasein herauskommen. In diesem Sinne darf der Diakon die rechte Hand des Seelsorgers sein.

Sozial-Diakon statt liturgischer Diakon

Es wäre wünschenswert, wenn die Kirche ganz bewusst den Sozial-Diakon wiederentdeckt und auch Menschen, die diese Berufung in sich wahrnehmen und annehmen, mit der Sendung des Diakons ausstatten würde: der Diakon auch als Brücke zwischen Seelsorge und Sozialarbeit, anerkannt als geistliche Berufung in unserer Kirche, in besonderer Weise in ihrer Sendung stehend im Sinne der Urkirche.

Es ist wichtig, dass die Kirche den sozialen Dienst wieder als geistliche Aufgabe entdeckt und dass diese Aufgabe auch ihre Verankerung im kirchlichen Dienst findet. Der Diakon, der Sozial-Diakon, könnte eine praktische Möglichkeit sein, diese Aufgabe, die vereinzelt vor Ort schon geleistet wird, Wirklichkeit werden zu lassen. Der Diakon könnte im Dienst an den Armen seine eigentliche, eigenständige und auch ursprüngliche Aufgabe neu entdecken und entfalten.

Auch der Diakon als kirchlicher Stand sollte sich darum bemühen, den eigentlichen Auftrag, der von der Urkirche her festgeschrieben ist, wieder zugeteilt zu bekommen. Es ist zu wenig, wenn das Amt des Diakons die Lücke für den Christen wird, der eigentlich Seelsorger sein möchte, aber aufgrund der fehlenden Entscheidung für den zölibatären Weg nicht Priester werden darf. Sozialen Helfern im kirchlichen Dienst sollte die Möglichkeit erschlossen werden, als Sozial-Diakone in der kirchlichen Sendung auch geweiht diesen Dienst zu tun. Die Berufung des Diakons ist eine eigene Berufung in der frühen Kirche. Sie darf nicht zu einem Hilfspriesterdasein verkümmern.

Die soziale Arbeit in der Kirche sollte erneuert werden zu einer Diakoniebewegung, die eine soziale wie eine geistliche Bewegung sein sollte. Es geht darum, dass die Herzen der Gläubigen, nicht nur der hauptamtlichen, neu entflammt werden für die Menschen in Not, aber auch für Christus, der sich der Menschen erbarmt.
Es geht darum, dass die kirchliche Sozialarbeit nicht in ihrer Fessel der Professionalität stecken bleibt, sondern Zugang findet zum geistlichen Leben, Zugang zum Ursprünglichen der Kirche, dass sie ans Evangelium angeschlossen wird, das ein Evangelium der Befreiung, ein Evangelium der Erlösung und ein Evangelium der Liebe ist.
Kirchliche Sozialarbeit ist auch Berufung, Berufung durch Gott, Berufung für die Menschen, für alle, nicht nur für die Hauptamtlichen. Erst wenn die kirchliche Sozialarbeit sich wieder ihrem eigentlichen, ihrem Ursprung zuwendet, wird sie den Menschen das geben können, das die Welt ihnen nicht geben kann. Erst dann kann die Liebe Gottes, die auch durch die kirchliche Sozialarbeit zu den Menschen kommen will, in den Menschen auch die Kraft des Glaubens und der Liebe wieder freisetzen.

11. Wege christlicher Gemeinwesenarbeit

Individuelle Sozialarbeit wird langfristig den Menschen nicht mehr gerecht. Die immer leerer werdenden Kassen sind die eine Realität, die immer größer werdende Not der Menschen eine andere. Allein aufgrund der finanziellen Engpässe können wir es uns nicht mehr leisten, den Dienst an den Armen – den hauptamtlich Bezahlten zu überlassen. Der Gute Hirte ist wieder gefordert. Jeder Christ aber ist gerufen, Guter Hirte zu sein und die Liebe Jesu Christi weiterzugeben. Die Hauptamtlichen sind gefordert, die Ehrenamtlichen zu motivieren, sie in ihrem Einsatz für die Schwachen und Notleidenden zu begleiten und dort zu dienen, wo ein Ehrenamtlicher es von seinen Kräften oder von seiner Qualifikation her nicht leisten kann.

Caritas und Diakonie als Auftrag der Pfarrgemeinden

Caritas und Diakonie dürfen nicht weiterhin – jedenfalls nur dort, wo es notwendig ist – Sache einer eigens dafür eingerichteten Institution sein. Sie sind der ureigenste Auftrag der Gemeinden. Diese verarmen, wenn sie dieses Auftrags beraubt werden. Die Institutionalisierung des sozialen Dienstes ist eine Entmündigung der Pfarrgemeinden. Die Nächstenliebe wird zu einer Sache von Institutionen gemacht. Der Auftrag des Guten Hirten wird an diese abgeschoben.

Die Lahmlegung der Nächstenliebe

Die in den Christen schlummernde Nächstenliebe wird nicht nur nicht freigesetzt, sondern lahmgelegt. Wir alle können unsere Hände in Unschuld waschen, weil in den katholischen Gemeinden die Caritas und in den evangelischen die Diakonie für die Armen zuständig ist. Wir brauchen uns um den unter die Räuber Gefallenen nicht mehr zu kümmern. Die Institutionen können das besser, glauben wir, und wir täuschen uns dabei ganz erheblich. Sie können sicher praktische Dienstleistungen teilweise besser verrichten als der Laie – und sie wer-

den auch in Zukunft für fachliche Hilfen gebraucht –, doch sie können die Nächstenliebe nicht ersetzen.
Der Mensch in Not braucht nicht nur fachliche Hilfe, sondern vor allem auch Liebe. Das kann der Hauptamtliche allein gar nicht leisten. Deshalb wird durch das Delegieren der Nächstenliebe an die Institutionen den Menschen das Eigentliche vorenthalten, dessen sie bedürfen: die Bergung in der Liebe. Institution als Ersatz für die Liebe – das kann auf Dauer nicht gut gehen.
Umgekehrt verarmen auch die Gläubigen, die diese Dienste der Nächstenliebe leisten können und das Einlassen auf die Menschen den Institutionen überlassen. Ihre Kraft, ja ihre Liebeskraft, wird nicht frei. Die einen sind überfordert durch ihre Not, die andern sind unterfordert und innerlich leer, weil sie ihre Liebe nicht verschenken (können) und ihre Gaben nicht freisetzen.

Miteinander von Caritas und Gemeinden

Caritas und Pfarrgemeinden dürfen nicht weiterhin nebeneinander ihren Dienst tun. Ein Miteinander von Seelsorge und kirchlicher Sozialarbeit ist notwendig. Gemeinsam sollte auf die Not der Menschen geantwortet werden und gemeinsam sollte versucht werden, das vorhandene und in der Regel brach liegende Liebespotential in den Gemeinden freizusetzen.
Wir haben institutionelle Schranken aufgerichtet, die den christlichen Lebensstrom, den Fluss der Liebe, behindern. Diakonische und seelsorgliche Dienste aber müssen miteinander verzahnt sein. Zuständigkeiten entsprechend der jeweiligen Kompetenzen ist sicher grundsätzlich eine gute Sache, aber sie dürfen nicht zur Blickverengung führen und die Sicht auf den ganzen Menschen rauben. Der aber ist nicht gespalten in seine menschlichen und geistlichen Bedürfnisse. Herz und Seele können nicht voneinander getrennt werden.

Die Entfremdung der Armen von der Kirche

Die Armen werden von der Kirche entfremdet, wenn der Dienst der Nächstenliebe hauptsächlich durch Institutionen geleistet wird. Die Erfahrung mit Institution wird für sie somit auch Erfahrung mit Kir-

che. Kirche ist dann Institution. Das trägt erheblich dazu bei, die Kirche von den Menschen zu entfremden – gerade von den Menschen in Not, für die der Menschensohn in besonderer Weise gekommen ist.
So trägt die Kirche durch institutionelle Sozialarbeit wesentlich dazu bei, dass die Armen aus ihr auswandern. Ihre Begegnungsebene mit Kirche ist die Institution. Nimmt es noch wunder, wenn die Menschen Kirche dann nur noch als Institution erfassen und sich von ihr abwenden?
Durch eine rein professionelle kirchliche Sozialarbeit wird das Gesicht der Kirche entstellt.

Der Platz der Armen ist die Mitte der Kirche

Die Armen müssen wieder in der Mitte der Kirche ihren Platz finden. Die Gemeinden dürfen sie nicht weiter abschieben an soziale Einrichtungen. Vielmehr sind sie gerufen, sich ihnen zuzuwenden. Dabei sollen und müssen sie natürlich professionelle fachliche Hilfe in Anspruch nehmen. (Es darf nicht um ein sinnloses Entweder/Oder menschlicher und christlicher Hilfe einerseits und fachlichen Dienstes andererseits gehen.)
Jesus hat die Armen und Notleidenden und die Sünder in die Mitte geholt. Er hat ihnen die Barmherzigkeit erwiesen, und Er hat uns alle aufgefordert, Seine Liebe weiterzugeben.
Die Gemeinde aber ist, von ihrer Berufung her, ein Ort der Liebe. Sie soll dieser Ort der Liebe sein. An der Liebe sind die ersten Christen erkannt worden. Deshalb darf die Gemeinde wohl fachliche Hilfen, jedoch nicht den Liebesdienst an caritative Einrichtungen delegieren. Sie beraubt sich sonst, wie gesagt, ihres ureigensten Auftrags.
Die Armen brauchen die Gemeinden, aber auch die Gemeinden brauchen die Armen. Die Not der einen ist eine Herausforderung zur Liebe an die anderen. Wo aber bleiben die Christen, wenn ihre Liebe nicht herausgefordert wird?
Die Gemeinden ohne die Armen sind wie die Suppe ohne das Salz. Vielleicht ist das ein zentraler Grund, warum unsere Gemeinden so farblos geworden sind und gerade die Menschen in Not sich nicht mehr sonderlich wohl in ihnen fühlen.
Es ist Diebstahl an den Gemeinden, wenn die kirchliche Sozialarbeit den Dienst an den Armen anstelle der Gemeinden und nicht mit ihnen zusammen tut.

Mobilisierung der Nächstenliebe

Konkret wird es darum gehen müssen, die Nächstenliebe der Gemeindemitglieder für die Armen und für die Menschen in Not zu mobilisieren. Dazu gehören nicht nur jene, die wir äußerlich als Randgruppen erkennen (sozial schwache Familien, Obdachlose, Drogenabhängige, Alkoholiker), sondern auch alte und einsame Menschen, aber auch Suchende – Femstehende, die eine unbewusste Sehnsucht nach Gott in ihren Herzen tragen. Sie alle brauchen Begegnung mit der lebendigen Gemeinde Jesu.

Es ist wichtig, dass jene, die die Not der Menschen kennen, sie der Gemeinde mitteilen. Wenn die Gemeindemitglieder nicht auf die konkreten Nöte aufmerksam gemacht werden, können sie nicht darauf reagieren.

Es reicht allerdings nicht ein theoretisches Aufmerksam-machen auf die Nöte. Vielmehr ist es wichtig, Notleidende und potentielle Helfer zusammenzubringen. Erst in der menschlichen Begegnung, in konkretem Kennenlernen der Not – in der persönlichen Begegnung des Samariters mit dem unter die Räuber Gefallenen –, kann die Liebe frei werden.

Evangelisierung der Kerngemeinde

Wenn Caritas wieder zur Angelegenheit der Gemeinde werden soll, ist es notwendig, die Kerngemeinde für ihren ureigensten Auftrag zu sensibilisieren und zu mobilisieren. Es gilt, die Herzen der Christen für die Armen und die Sünder zu öffnen.

Das ist Evangelisation – neue Hinführung zum christlichen Grundauftrag der Nächstenliebe. Ein neues Aufmerksam-Machen auf das Evangelium Jesu Christi, das ein Evangelium der Liebe ist. Diese Evangelisation kann durch Missionen für die Kerngemeinde geschehen, bei der neu versucht wird, Menschen für die Liebe Jesu Christi zu entzünden.

Ein Weg zu dieser Evangelisation kann es aber auch sein, Mitglieder der Gemeinden konkret mit Armen und Menschen vom Rande zusammen zu führen, damit sie von deren Schicksal berührt werden.

Es ist der Auftrag von Seelsorge und Caritas, die Menschen in den Gemeinden mit den Armen und Außenseitern zusammenzuführen. Dieser Herausforderung sollten sich beide stellen.

Wir müssen als Kirche wieder Ernst machen mit dem Evangelium. Es gilt, einerseits den Glauben in seiner ursprünglichen Kraft neu zu entdecken, aber auch die Menschen aufzuspüren, die unserer Liebe bedürfen.

Es geht auch darum, die diakonischen Berufungen in unseren Gemeinden helfen freizusetzen. Dabei dürfen wir nicht auf Berufungen zum hauptamtlichen Dienst fixiert sein. Vielmehr sollten wir erkennen, dass der Dienst der Nächstenliebe eine Grundberufung für jeden Christen ist.

Erneuerung der Kirche durch die Armen

Eine der kleinen Schwestern Jesu hat einmal zu mir gesagt, dass die Erneuerung der Kirche erst dann gelingen wird, wenn die Armen wieder in die Mitte der Kirche genommen werden.
Durch die Zuwendung zu den Armen und auch durch das Ringen um jene, die Schuld auf sich geladen haben – wird die Gemeinde Jesu erneuert. Sie braucht diese Zuwendung, um lebendig zu sein. Die Gemeinde Jesu, die ihre Liebe nicht verströmt, verarmt und ist tot. Durch das Schenken von Liebe aber wird sie wieder lebendig.
Die Armen erneuern die Kirche schon allein dadurch, dass sie uns zur Liebe herausfordern. Sie stiften daher auch für unser Leben Sinn. Sie ermöglichen es, unsere Herzen zu öffnen.
Die Erneuerung der Kirche durch die Armen geschieht aber auch dadurch, dass die Armen mit ihrer Not und ihrer Nacktheit uns zur Echtheit führen. Sie helfen uns auch, unsere verdeckteren Nöte und unsere eigene Nacktheit wahrzunehmen. Die Menschen, die geliebt werden, verändern auch jene, die sie lieben. Die Menschen, die ihre Rollen ablegen und sich zu ihrer Verzweiflung bekennen, helfen auch uns, unsere Masken fallen zu lassen und so zu sein wie wir sind.
Nur so aber kann die Gemeinde wieder glaubwürdig werden. Wir haben viel an Echtheit verloren, wie die Urgemeinden sie ausgezeichnet hat. Und die Liebe ist in unseren Gemeinden oft nicht mehr spürbar. Sie hat einem frommen Vereinsleben Platz gemacht, dem die Menschen, die verzweifelt sind, sich nicht zugehörig fühlen.

Einlassen auf christliche Gemeinwesenarbeit

Seelsorger und Caritas-Mitarbeiter sollten sich gemeinsam auf christliche Gemeinwesenarbeit einlassen. Miteinander sollten sie das Gemeinwesen der Kirche beackern, damit die geistliche und menschliche Frucht aufbricht.

Eine wichtige Voraussetzung für christliche Gemeinwesenarbeit ist es, die Not, die es in allen Menschen und in allen Gemeinden gibt, wahrzunehmen und sich ihr zu stellen. Die Kirche wird erst wieder ernst genommen, wenn sie sich der Not der Menschen zuwendet. Wir selbst sollen Antwort auf die Nöte der Menschen sein.
Dabei dürfen es weder Seelsorger noch Hauptamtliche kirchlicher Dienste bei Appellen bewenden lassen. Not muss konkret aufgezeigt werden, wenn wir von ihr berührt werden sollen. Unerlässlich ist es, die Notleidenden mit den Frommen zusammenzubringen. Viel Phantasie muss entwickelt werden, damit solche Begegnungen zustande kommen.

Der Hauptamtliche als Animateur und Spezialist

Das Rollenverständnis des Hauptamtlichen im kirchlichen Dienst bedarf einer Wandlung. Der Vollzeit-Mitarbeiter im caritativen Dienst darf in Zukunft nicht mehr derjenige sein, der für uns alle die Hilfe leistet. Vielmehr sollte es sein Hauptauftrag sein, die Kräfte in den Gemeinden für die hilfsbedürftigen Menschen zu mobilisieren. Jene Gemeinde-Mitglieder, die sich auf den Dienst des Guten Hirten einlassen – die sogenannten Ehrenamtlichen – soll er begleiten und unterstützen, zugleich aber bereit sein, wenn sie die Hilfe allein nicht mehr leisten können.
Der Hauptamtliche sollte künftig der Helfer für den Helfer sein, der Helfer für die betroffenen Menschen nur dann, wenn Gemeindemitglieder überfordert sind. Das ist besonders dann der Fall, wenn therapeutische oder sonstige fachliche Hilfe notwendig ist.

Die Kraft in den Armen

Aufgabe christlicher Gemeinwesenarbeit ist es, nicht nur die Kraft in den Gemeindemitgliedern freizusetzen helfen, sondern auch die Kraft in den Betroffenen. Wenn Menschen vom Rande umkehren, sind sie oft die besten Helfer für andere. Sie ermutigen nicht nur durch das Beispiel ihres Lebens. Von ihnen fühlen sich viele, die in Not sind, auch besser verstanden, weil sie das gleiche oder ein ähnliches Schicksal hinter sich haben. Ihre Kompetenz besteht darin, dass sie die Not überwun-

den haben. Sie übermitteln so auch Zuversicht, dass es Auswege aus den schwierigen Situationen gibt.
Durch die Umkehr der Sünder entsteht ein wichtiges Liebeskapital für die Gemeinden. Es gilt auch heute die Aussage, die Jesus über die Sünderin getroffen hat: Sie hat viel gesündigt. Ihr ist viel vergeben worden. Deshalb kann sie viel lieben.

12. Ansätze für christliche Sozialarbeit

Christliche Sozialarbeit – soziale Arbeit aus dem Glauben – ist bemerkenswerterweise ein Neuland. Es sind bislang kaum Ansätze entwickelt. Es ist geradezu unfassbar, dass sich weder Kirche noch Sozialarbeit dieses Themas angenommen haben, obwohl im Namen und im Auftrag der Kirche seit Jahrzehnten Sozialarbeit geleistet wird. Tatenlos sehen Kirche wie Sozialarbeit zu, wie notleidende Menschen, weil sie von ihnen keine Antworten bekommen, sich Sekten und Gurus zuwenden oder sich in Esoterik beziehungsweise Okkultismus verirren.
Die vorliegende Arbeit ist ein erster Versuch, solche Ansätze aufzuzeigen. Sie will den Anstoß dafür geben, Ansätze für soziale Arbeit aus dem Glauben zu entwickeln und weiterzuentwickeln.

Forschungs- und Ausbildungsprojekte

Dringend nötig wären Forschungs- und Ausbildungs- beziehungsweise Fortbildungsprojekte. Kirche und kirchliche Sozialarbeit können es sich nicht weiter leisten, diesen Bereich unbearbeitet zu lassen. Anstöße für die praktische Arbeit müssen gegeben werden.
Es ist nicht zu fassen, dass sich katholische oder auch evangelische Fachhochschulen für Sozialwesen dieses Themas nicht annehmen. Dürfen wir Gleichgültigkeit dem Anliegen gegenüber vermuten oder besteht schlicht und einfach Hilflosigkeit beim Umgang mit diesen Anliegen?
Nicht zu fassen ist es auch, dass die kirchlichen Sozialverbände bislang dieses Anliegen ausklammern. Fehlen die Antennen für die spirituelle Dimension des Dienstes? Wird nicht wahrgenommen, dass den Betroffenen zentrale Hilfsmöglichkeiten vorenthalten werden?
Den Sozialarbeitern im kirchlichen Dienst sowie allen, die im Auftrag der Kirche soziale Arbeit leisten, müssen Orientierungshilfen und praktische Hilfestellungen für den Einstieg in die praktische Arbeit aus dem Glauben gegeben werden. So lange eine Ausbildung zum christlichen Sozialarbeiter beziehungsweise Helfer fehlt, wird es wichtig sein, mit Fortbildungsmaßnahmen für interessierte Mitarbeiter im kirchlichen Dienst zu beginnen. Sinnvoll erscheint auch eine gemeinsame Fortbil-

dung von sozialen Helfern und Seelsorgern. Aber auch Praxisbegleitung für jene ist wichtig, die das Wagnis der sozialen Arbeit aus dem Glauben eingehen. Ein weiteres Modell wäre die Zurüstung von Ehemaligen aus Randgruppen, die den Neuanfang aus der Kraft des Glaubens geschafft haben, für den hauptamtlichen Dienst.

Initiativen von oben und Initiativen von unten

Notwendig sind Initiativen von oben wie von unten. Initiativen der kirchlichen Sozialverbände und der Kirchenleitung, aber auch Initiativen von den Mitarbeitern. Es ist notwendig, dass die kirchlichen Mitarbeiter, die an sozialer Arbeit aus dem Glauben interessiert sind, sich zusammenschließen, einander stärken in diesem Anliegen und auch gemeinsam praktische Ansätze entwickeln. Dabei werden sie auf den Flankenschutz von „oben" angewiesen sein, da erfahrungsgemäß sozialer Arbeit, wenn sie mit dem Glauben zu tun hat, Widerstand entgegen gebracht wird. Damit ist auch im kirchlichen Dienst zu rechnen aufgrund des Missverstehens beziehungsweise Nichtverstehens geistlicher Ansätze in sozialer Arbeit.
Es wird dabei nicht darum gehen können, alle soziale Arbeit, die von kirchlichen Einrichtungen geleistet wird, jetzt geistlich auszurichten. Das ist auch nicht notwendig, da nur ein Teil der Betroffenen für geistliche Arbeit offen ist und denen, die es nicht sind, keinesfalls geistliche Inhalte übergestülpt werden sollen. Das Gros der kirchlichen Mitarbeiter wird also unverändert für einen rein sozial ausgerichteten Dienst gebraucht werden. Manche möchten vielleicht geistlich arbeiten, vermögen es aber nicht, weil sie selber noch zu sehr auf der Suche sind oder am Anfang ihres Weges stehen. Auch für sie ist es dann näher, erst sozial anzusetzen, bis das Geistliche in ihnen und in den Betroffenen durchbricht.

Identisch sein

Wichtig für alle Mitarbeiter im kirchlichen Dienst ist es, dass sie identisch sind und nur das tun – auch nur das tun sollen! –, hinter dem sie persönlich stehen können. Es kann von niemand erwartet werden, dass er geistlich arbeitet, wenn er selber nicht in einem lebendigen

Glaubensleben steht. Wenn es nicht die Sache eines Mitarbeiters ist, aus dem Glauben zu handeln, soll er sich auch frei wissen, den anderen, bisherigen Weg der kirchlichen Sozialarbeit weiter zu gehen. Durch die christliche Sozialarbeit soll nicht alles anders werden. Vielmehr geht es darum, Raum für den bislang vernachlässigten geistlichen Bereich zu schaffen. Überdies beinhaltet das Verständnis christlicher Sozialarbeit sowohl die geistliche wie die soziale Dimension. Eine Einengung auf das Geistliche wäre nicht christlich.

Geistliche Arbeit aus dem Glauben zu leisten sollte eine freiwillige Angelegenheit der Mitarbeiter sein. Gift für den Dienst wäre es, wenn sich Opportunisten dafür melden würden. Arbeit unter dem geistlichen Aspekt von Taufschein-Christen geleistet, wäre ein Schuss nach hinten. Es kann der Blinde keinen Blinden führen. Wer sich selbst nicht auf den Weg des Glaubens eingelassen hat, kann andere auf diesem Weg nicht geleiten.

Überdies werden Frauen und Männer mit Charakter für diese Art von Arbeit gefordert sein – Persönlichkeiten, die auch gegen Widerstände diesen Dienst zu tun bereit sind. Gerade sie, die keine Opportunisten sein können, werden von anderen verdächtigt werden, es zu sein, weil Ängste bestehen, sie könnten besondere Anerkennung finden. Wer nur aus Anerkennungsgründen geistlichen Dienst zu leisten suchte, wird scheitern. Für soziale Arbeit aus dem Glauben – gerade, wenn sie mit Betroffenen praktiziert wird – genügt es nicht, sich fromm zu geben. Da wird der ganze Mensch gefordert sein.

Arche-Projekte für Obdachlose und Arme

Eine gute Startmöglichkeit für soziale Arbeit aus dem Glauben sind Arche-Projekte, wie sie an anderer Stelle dargestellt worden sind. Menschen vom Rande können geborgen werden. Ihnen soll nicht nur materielle Hilfe gegeben, sondern auch ein Raum der Begegnung geschaffen werden, in dem sie sich aussprechen können. Das Wichtigste für solche Arche-Begegnung sind Menschen, die liebend da sind und die zuhören können. Menschen, die sich auf die Betroffenen einlassen.

Aus solchem Dienst, den wir hier Arche-Arbeit nennen, kann mehr wachsen. Ziel wird es immer sein, dass Menschen sich auf einen Neubeginn einlassen. So kann zu Selbsthilfegruppen im Sinne von „Exodus“ ermutigt werden. Wenn Menschen sich geistlich öffnen, können sie

in geistliche Gemeinschaft hineingenommen werden. Das alles soll ganz freiwillig sein. Die Gruppenbildung sollte davon abhängen, was die Menschen brauchen. Die Hilfe ist für den Menschen da, nicht der Mensch für die Hilfe.
Wichtig ist es, Weggemeinschaften mit den Betroffenen zu bilden, in denen sie dort abgeholt werden, wo sie stehen. Mit ihnen die Schritte gehen, die sie jetzt zu gehen vermögen.

Geistliche Angebote für Betroffene

Solche bergende und soziale Arbeit wird vielfach schon geleistet. „Arche" ist bereits vielerorts Realität. In der Arbeit mit Alkoholikern zum Beispiel brauchen wir nicht mit „Arche" beginnen und auch der Exodus-Ansatz der Selbsthilfe von Betroffenen ist in der Regel schon gewährleistet.
Für Alkoholiker-Arbeit könnten geistliche Angebote ergänzend sinnvoll sein. Da viele Alkoholiker für den Glauben offen sind, wäre es durchaus eine gute Sache, ihnen Glaubensseminare anzubieten oder ihnen geistliche Gruppen zu ermöglichen, in denen sie ihre Glaubenserfahrungen austauschen können. (In Frankfurt gibt es zum Beispiel eine Alkoholikergruppe, die ein Programm wie die Anonymen Alkoholiker anbietet, das zugleich geistlich ausgerichtet ist.)
Spezielle geistliche Angebote wären als Ergänzung der bisherigen Arbeit für viele Betroffenengruppen sinnvoll. Nicht wenige Behinderte, Alte, psychisch Kranke werden für solche Angebote dankbar sein. Aber auch mit Drogenabhängige können gute Erfahrungen gemacht werden – ebenso mit Gefangenen –, wenn sie erst einmal für den Glauben aufgeschlossen worden sind.

Mission als Bereitung

Mission kann als Bereitung für geistliche Angebote wichtig sein. Für den einen Personenkreis mag eine soziale Mission der richtige Weg sein: Erst einmal eine Auseinandersetzung mit den Nöten des Menschen. Für eine geistliche Mission ist der Boden bereitet, wenn Betroffene offen für Gott sind oder wenn sie zumindest zur Auseinandersetzung mit dem Glauben bereit sind. Ich habe schon Kiffern (Ha-

schischkonsumenten) eine Begegnung mit mir vorgeschlagen, worauf diese eingegangen sind, mehr um sich mit mir zu „fetzen“; das war schon eine gute Basis. Ehemalige Gefangene und Drogenabhängige, die mit Hilfe des Glaubens frei geworden sind, können allein durch ihre Existenz zu einer solchen Auseinandersetzung herausfordern. Schon eine gegenteilige Grundeinstellung kann dazu motivieren, den Dialog und die Begegnung zu suchen.
Es gibt da keine Standardmodelle. Mit jedem Personenkreis muss in der Regel ein eigener Weg gesucht werden. Ich habe schon in einer Diskothek und während eines „Grufti-Konzertes“ kleine (noch nicht geistliche) Impulse gegeben, die zur Auseinandersetzung herausforderten. Wenn wir Phantasie haben, entdecken wir viele Möglichkeiten, mit Menschen ins Gespräch zu kommen.
Das Thema „Glaube“ und gar „Kirche“ ist in der Regel negativ besetzt. Die kirchliche und gemeindliche Wirklichkeit haben für die Menschen in der Regel eher eine abschreckende Wirkung. Sie verbinden in der Regel mit Glaube Spießigkeit und Enge. Durch diese Mauern der Vorurteile muss erst ein Weg gefunden werden, damit das Eigentliche sichtbar wird. Nicht wenige kommen darauf, dass das, was sie aufgrund von Vorbehalten abgewehrt haben, das ist, was sie eigentlich suchen.
Zugang zum Glauben werden die Menschen erst finden, wenn dessen befreiende Dimension erfahrbar geworden ist und wenn sie dahinter kommen, dass der Glaube die Quelle der Liebe ist und dass die Suche nach dem Sinn des Lebens durch die Beziehung zu Gott an ihr Ziel gelangt, durch die Erfahrung der ewigen Liebe Gottes, in die wir hineingenommen werden.

Betroffene mit auf den Weg nehmen

Der Glaube ist ein Weg. Nicht ohne Grund nennt Jesus sich selbst den Weg, die Wahrheit und das Leben. Der Glaube an den lebendigen Gott ist ein Weg, ja sogar *der* Weg, wie Jesus, der Demütige, es ausdrückt. Es ist der Weg und dieser Weg ist Wahrheit und Leben. Es ist der Weg zum Sinn des Lebens, nicht nur zum Sinnvollen des Lebens, sondern zu *dem* Sinn schlechthin.
Wir können Menschen mit auf diesen Weg nehmen und uns selber auch von Menschen auf diesen Weg mitnehmen lassen. Der Glaube bleibt immer Weg – selbst dann, wenn wir am Ziel angekommen sind: dass

wir an Gott glauben und Ihm vertrauen können. Dann beginnt der Weg mit Gott, der Weg der Nachfolge Jesu.
Es ist ein dynamischer Weg, dieser Weg Jesu, der Weg der Liebe inmitten einer Welt, die fern von Gott und fern der Liebe zu sein scheint. Ein abenteuerlicher Weg. Jesus selbst sagt, dass Er uns wie Schafe mitten unter die Wölfe schickt. Kein Weg für Angepasste, für die Konsumenten frommer Angebote. Es ist der Weg in eine neue Wirklichkeit: nicht mehr Kinder dieser Welt zu sein, Kinder dieser Gesellschaft, sondern Kinder des Lichts, Kinder der Liebe, Kinder Gottes zu sein. Das Wagnis eingehen, sich auf den Weg des Herzens einzulassen und der inneren Spur zu folgen, der Intuition, die immer mehr frei werden wird, je mehr wir sensibel werden für Gott und die Menschen und das Eigentliche wahrnehmen, das aus den tiefen Schichten unserer Seele kommt, inmitten einer Welt voller Lärm.
Es muss jemand nicht am Ziel angekommen sein, wenn er andere Menschen mit auf den Weg nehmen will. Jeder kann sich so einbringen, wie er ist, und auch von dem Standort aus, auf dem er sich selber befindet. Wer noch nicht glauben kann, aber Hunger nach dem Brot des Lebens hat, kann von diesem Bedürfnis seiner Seele ausgehend mit Menschen seine Suche teilen, die wie er ein spirituelles Verlangen haben. Auch der Suchende kann anderen eine Brücke zum Leben sein. (Er kann allerdings auch zur Falle werden, wenn er sich selber zweifelhafter Quellen bedient und andere mit auf den Geschmack bringt.) Schon indem er die Sehnsüchte der Menschen ernst nimmt, die ihm anvertraut sind, gibt er ihnen eine Stärkung auf ihren Weg, während die Menschen, die ohne spirituelle Orientierung sind, durch ihr ZuSein meist nur eine Sackgasse sind.
Wir müssen uns frei machen von der Vorstellung, dass die Menschen immer ein fertiges Gegenüber brauchen. Was für sie wichtig ist, ist die Wahrhaftigkeit, mit der wir ihnen begegnen. Dazu kann auch das Eingeständnis gehören, dass wir selber noch auf dem Weg sind. Manchmal kann ein Suchender sich leichter auf einen Suchenden einlassen, mit dem er sich besser identifizieren kann, als mit dem, der schon gefunden hat. Jeder wird in der Regel so gebraucht, wie er gerade ist. Alle, auch der Anfänger, können wertvolle Dienste tun. Und wir können alle voneinander empfangen. Hüten wir uns vor dem Hochmut, dass wir immer die Gebenden sein müssten.

So genannte Streetworker werden in dem Maße gebraucht, in dem Menschen fern der Gesellschaft sind. Sie können, wenn sie Beziehung aufnehmen, einen Weg in die Cliquen und Kreise finden, in die Scenen und Randgruppen, in denen Menschen von der normalen Welt abgeschottet und nicht selten in größten Nöten sind.
Streetworker – das müssen nicht immer nur Hauptamtliche sein. Auch ehrenamtliche Helfer können in der Straßenarbeit wertvolle Dienste tun. Menschen, die die Menschen lieben und zu ihnen kommen, weil sie an ihrem Schicksal Anteil nehmen. Christen, die ein Herz für die Armen haben, für jene, die am Rande leben.
Für den christlichen Sozialarbeiter kann es der Beruf sein, den Zugang zu bestimmten Randgruppen als Streetworker herzustellen, um eine Brücke zu bauen zur „normalen Welt" und auch zu den Hilfsmöglichkeiten der Gesellschaft (zum Beispiel Drogentherapie für Drogenabhängige). Es kann aber auch sein Auftrag sein, Menschen aus Gemeinden und christlichen Kreisen mit zu den Menschen vom Rande zu bringen und mit ihnen zusammen die Begegnung zu suchen.
Es gibt Straßenarbeit, die sowohl von Hauptamtlichen wie auch von Ehrenamtlichen geleistet wird, von Professionellen oder von engagierten Menschen und Christen. Die Straßenarbeit der einen ist meist sozial ausgerichtet, die der anderen nicht selten ausschließlich geistlich orientiert. Auch da gilt es, einen Mittelweg zu finden. Es ist nicht gut, wenn Menschen, die gar nicht offen für den Glauben sind, ständig etwas von Jesus erzählt wird; Betroffene finden das dann eher als lästig und haben den Eindruck, dass ihnen etwas übergestülpt werden soll. Aber ebenso kann es die falsche Abstinenz sein, den Glauben völlig zu unterschlagen und den Menschen dadurch die mögliche geistliche Hilfestellung vorzuenthalten.
Es gibt Christen, die für sich durchaus spirituelle Nahrung suchen und für die Gebet und Gottesdienst oder Schriftbetrachtung wichtige geistliche Quellen sind, die aber aus übertriebener Angst vor dem Überstülpen sich selbst zu einer geistlichen Abstinenz im Engagement verpflichten, die im Grunde unsinnig ist. Sie verpflichten sich, nicht missionarisch zu sein und verweigern damit den Menschen generell das Brot, von dem sie selber satt geworden sind. Sie kommen gar nicht auf die Idee, dass das, was sie selber stärkt, auch für die Betroffenen wichtig sein könnte. Solche falsche Zurückhaltung ist ebenso daneben wie geistliche Aufdringlich-

keit. Wir müssen endlich „normal“ werden und den Menschen das geben, was sie brauchen, und auch aus unseren eigenen Quellen schöpfen und das weitergeben, für das die andern sich aufmachen können.
Zugang zu Randgruppen können dem Straßenarbeiter Betroffene aus der jeweiligen Scene sein, die er kennen gelernt hat. Es ist gut, mit Ehemaligen zu ihren Freunden zu gehen. Aber auch Betroffene, die noch den alten Weg gehen, können Zugänge verschaffen. Manche Gruppen stellen den ersten Kontakt her, indem sie zum Beispiel im Winter warmen Tee anbieten. Eine Franziskanerin geht in Stuttgart mit dem Obdachlosenpriester wöchentlich einmal in die Fußgängerzone und verteilt Süßigkeiten an die Junkies, die wie Kids auf sie zugehen, um etwas zum Naschen zu kriegen. Das sind kleine Brücken, Zeichen der Liebe, die einen ersten Kontakt ermöglichen. Mehr entsteht, wenn die Betroffenen die Liebe spüren, die ihnen entgegengebracht wird.

Arbeit mit sexuell Missbrauchten

Die Arbeit mit sexuell Missbrauchten ist auch eine Herausforderung an die christlichen Sozialarbeiter. Gerade die Hauptamtlichen im sozialen Dienst kommen immer wieder mit Betroffenen zusammen. Sexueller Missbrauch ist Thema in der Familienberatung, in der psychischen und in der Suchtberatung, aber auch in Heimen und sonstigen Einrichtungen. Überall gibt es Betroffene, die sich irgendwann einem der Helfer oder Berater gegenüber anvertrauen. Sexueller Missbrauch ist die Ursache vieler Suchtkrankheiten und Abhängigkeiten, aber auch von psychischen Erkrankungen oder von Scheitern in der Ehe.
Die Mitarbeiter verschiedener Dienste können gemeinsam Betroffene, die sie kennen, zu Gruppen oder Seminaren einladen, in denen ihnen eine Möglichkeit gegeben wird, sich im Kreis der gleich Betroffenen auszusprechen. Wenn Menschen da sind, die das gleiche oder ein ähnliches Schicksal erlitten haben, fällt es leichter, gerade über so intime Vorgänge wie sexueller Missbrauch oder Vergewaltigung zu reden. Man fühlt sich unter Schicksalsgefährten nicht so bloßgestellt und weiß sich auch von ihnen eher verstanden. Allein die Möglichkeit der Aussprache kann für viele schon eine wichtige Hilfe sein. Freilich wird der jeweilige Gruppenleiter auch darauf achten müssen, dass die Betroffenen nicht anfangen, um sich selbst zu kreisen und sich gegenseitig durch das Schauen auf das Schreckliche runterzureißen oder in Anklage oder Selbstmitleid zu verfallen.

Es ist die Entscheidung der jeweiligen Helfer, ob die Gruppe eher einen therapeutischen oder einen Selbsthilfe-Charakter hat. Selbsthilfe ist dann möglich, wenn es Betroffene gibt, die das Problem (einigermaßen) überwunden haben und denen es ein Wunsch geworden ist, anderen beizustehen, die sich erst aufgemacht haben, an ihr Problem heranzugehen.
Ob mit einer solchen Gruppe geistlich gearbeitet werden kann, wird von der Zusammensetzung der Teilnehmer abhängen. Das sollte ganz davon abhängen, wie offen diese für die Dimension des Glaubens sind. Sind die einen offen, die anderen aber versperrt, dann können – wie in anderen Bereichen auch – sowohl soziale wie geistliche Gruppen gebildet werden. Dann werden die einen nicht geistlich bedrängt, die anderen aber auch nicht abgewürgt, wenn sie sich dem Glauben zuwenden wollen.
Die Erfahrung nicht nur der Liebe von Menschen, sondern auch der Liebe Gottes, kann für sexuell missbrauchte Menschen eine wichtige Hilfe sein. Die Liebe ist letztlich der einzige Weg aus diesen schlimmen Verletzungen. Nur durch neues Vertrauen kann das erschütterte Grundvertrauen zu Menschen wieder hergestellt werden. Der Mensch, der sich von Gott geliebt weiß, hat einen anderen Rückhalt. Die Liebe Gottes ist tiefer als menschliche Liebe und sie kann Wunden heilen bei dem, der sich ihr aussetzt. Ins Quellwasser der Liebe Gottes eintauchen. Sich vom liebenden Gott berühren lassen. Gott begegnen und in Ihm eine neue Verankerung finden. Bereit werden zum Weg der Versöhnung.

Bearbeitung der Abtreibungswunde

Ein ähnlich heikler Bereich wie der des sexuellen Missbrauches ist der der Abtreibung. Es gibt nicht nur das Problem vor der Abtreibung, sondern auch das Problem nach der Abtreibung. Die betroffenen Frauen werden da noch mehr im Stich gelassen als vorher. Gerade jene, die ihnen zur Abtreibung geraten haben, lassen sie dann in der Regel allein; das Problem scheint gelöst zu sein. Und es wird verdrängt, dass ein neues Problem entstanden ist.
Christliche Sozialarbeit ist gerufen, sich diesem Problem zu stellen. Nicht nur der Frau, die sich in Schwangerschaftsnöten befindet, soll geholfen werden, sondern auch der Frau, die abgetrieben hat und die mit der Tötung ihres Kindes nicht fertig wird, und die auch darunter leidet, dass sie in sich selbst etwas abgetötet hat. Auch da sind menschliche

Hilfe, Anteilnahme, Zuhören und Zuwendung wichtig. Aber wir kommen auch an Grenzen, in denen wir rein menschlich nicht weiterzuhelfen vermögen. Die Tötung eines Menschen kann nun einmal nicht mehr rückgängig gemacht werden. Eine Abtreibung ist eine unwiderrufliche Handlung.
Menschen, die offen für den Glauben sind, kann weitergehend geholfen werden. Wir können mit ihnen gemeinsam zu Gott gehen, auch die Schuld zu Gott tragen, die Vergebung suchen, sie zur Beichte und zur Lossprechung durch den Priester führen. Das Geschehene in das Erbarmen Gottes eintauchen. Versöhnung mit Gott zu suchen, auch Heilung und Erlösung für das Kind.
Heilung von der Abtreibungswunde wird letztlich nur aus dem Glauben möglich sein. Eine Linderung dieser Wunde können wir aber auch schon durch menschliche Zuwendung erreichen.

Die verborgenen und die sexuellen Nöte der Menschen

Die Kirche ist gerufen, sich der Nöte der Menschen zuzuwenden und die immer wieder neu entstehenden Krisensituationen aufzuspüren und den Menschen beizustehen. Professionelle Arbeit sowie institutionalisierte Dienste laufen immer wieder Gefahr, bei der amtlich erkannten Not stehen zu bleiben und die neuen, verdeckteren Nöte zu übersehen. Die werden wir nur wahrnehmen, wenn wir ein offenes Auge und – noch wichtiger – ein offenes Herz für die Nöte der Menschen haben.
Viele Menschen mit solchen Nöten werden heute alleingelassen, weil die etablierten Dienste für sie nicht zuständig sind, aber auch, weil alle sich ihnen gegenüber hilflos fühlen. Das ist zum Beispiel homosexuell oder lesbisch empfindenden Menschen gegenüber der Fall. Auch sie sind eine Randgruppe mit großen Nöten, in denen gerade Viele geistliche Hilfe bräuchten, damit sie nicht aus der Kirche vertrieben werden, weil sie dort nicht selten nur Diskriminierung und Ablehnung erfahren. Gerade die Liebe Gottes ist auch ein Weg für sie.
Christliche Sozialarbeit hat den Auftrag, gerade für jene einzutreten, die in Bedrängnissen sind. Wer mit Menschen in Not zu tun hat, stößt auch auf die unentdeckten beziehungsweise nicht wahrgenommenen Schwierigkeiten. So wird der Suchtberater auch auf das Problem sexueller Missbrauch, auf die Abtreibungswunde, auf Homosexualität und andere Sorgen von Menschen aufmerksam, die andere nicht oder nur

oberflächlich registrieren. Das kann immer Anlass sein, Gleichbetroffene zusammenzuführen und auch abzuwägen, ob der Weg des Glaubens ihnen angeboten werden soll.
Mitarbeiter von Sozialstationen, Kranken- und Altenpfleger können darauf kommen, wie wichtig es ist, Kranken und gerade Sterbenden auch geistlich beizustehen, für sie zu beten und sie zu segnen, wenn sie das wollen.

Christliche Drogenarbeit

Es ist eine Tragik, dass christliche Drogenarbeit entweder sozial oder geistlich, jedoch nicht fließend und offen für beides angeboten wird. Die kirchliche Sozialarbeit bietet rein soziale Hilfen und Programme an, die christliche Drogenarbeit der Freikirchen dagegen rein geistliche Angebote. Bei den einen wird keinerlei Raum für geistliche Suche und geistliches Wachstum geschaffen, bei den anderen wird der Glaube vorausgesetzt, weil ganz auf ein spirituelles Programm aufgebaut wird.
Christliche Drogenarbeit sollte das eine tun und das andere nicht lassen. Sie sollte den Drogenabhängigen sowohl menschliche wie auch geistliche Hilfe anbieten und es ganz ihnen überlassen, worauf sie sich einlassen. In offener Drogenarbeit könnte Motivierung etwa in Veranstaltungen oder Seminaren zum Thema „Wege in die Drogenfreiheit“ geschehen. Die Vermittlung aller möglichen Hilfsangebote von Therapien bis zu geistlicher Hilfestellung wäre möglich. Freilich setzt das Mitarbeiter voraus, die auch geistliche Schritte mit Betroffenen gehen können. Die Zusammenarbeit mit geistlichen Gemeinschaften – insbesondere mit neuen geistlichen Gemeinschaften – könnte Wege dazu anbieten.
Langfristig wird es notwendig sein, dass die kirchliche Sozialarbeit christliche Drogenarbeit aufbaut, mit der den Betroffenen auch geistliche Hilfestellung gegeben wird. Christliche Lebensgemeinschaften haben in diese Richtung schon Anfänge gemacht und können entsprechende Hilfestellungen geben. Auch gibt es Ehemalige, die mit Gott einen Weg für sich gefunden haben und die als Ex-User beim Aufbau solcher Programme behilflich sein könnten.

Christliche Gefängnisarbeit

Auch in den Gefängnissen beschränkt sich die kirchliche Sozialarbeit in der Regel auf rein soziale Hilfestellungen und sie verzichtet darauf, die Möglichkeiten des Glaubens anzubieten und einzubringen. Dabei gibt es nicht wenig Gefangene, die geistlich suchend sind, und auch solche, die gerade aufgrund ihres Schreiens nach Gott in tiefen Bedrängnissen geistliche Erfahrungen gemacht und einen Zugang zu Gott gefunden haben. Diese werden alleingelassen, selbst von vielen Gefängnisseelsorgern, die dafür keine Antenne haben und nur Räume für menschliche Begegnungen und Glaubensdiskussionen anbieten, aber keine Räume für geistliche Begegnungen schaffen.
Glaube braucht Gemeinschaft. Die Keime des Glaubens, die im einzelnen Menschen aufbrechen, bedürfen der Befruchtung durch den Austausch und auch durch die gemeinschaftliche Hinwendung zu Gott in Gebet und Schriftbetrachtung. Solche Gemeinschaften sind in Gefängnissen möglich, trotz des Drucks von Mitgefangenen oder von Bediensteten. Sie können aufgebaut werden, wenn entsprechende Angebote gemacht werden, durch die die Suchenden einander kennen lernen und Einführung in das Glaubensleben bekommen.
Auch da muss die Kirche sich ihrer eigenen Möglichkeiten wieder gewahr werden.

Die heilenden Möglichkeiten der Sakramente

Zu den Reichtümern der Kirche gehören nicht nur Gebet, Segnung, geistlicher Austausch und Schriftbetrachtung aus dem Leben, sondern auch die Sakramente. Die Taufe schafft tatsächlich eine Verbindung zwischen Himmel und Erde. Tauferneuerung kann diese Verbindung wieder herstellen, wenn sie verlorengegangen ist oder nie so richtig frei war. Das Bußsakrament kann eine Waffe der Befreiung sein. Gerade Menschen mit schwerer Schuld erfahren es als das Sakrament der Versöhnung, der Versöhnung mit Gott und den Menschen und dadurch auch mit sich selber.
Wir kommen an Grenzen, wo Gespräch nicht mehr reicht, sondern es wichtig ist, dass wir mit der Schuld von Menschen zu Gott gehen. Ein Mensch, der mit einem Helfer über seine Nöte spricht, kann unbewusst eine Beichte ablegen, wenn er seine persönliche Schuld erkennt und be-

kennt. Wir können dann, wenn er dazu bereit ist, mit ihm diese Schuld zu Gott hintragen und um Vergebung bitten. Bei schwerer Schuld können wir dazu raten, dass er zur Beichte geht und eine Lossprechung durch den Priester zu erlangen sucht. (Wir tun gut daran, darauf zu achten, dass er einen geeigneten Priester findet, der auch mit ihm und seiner Schuld umzugehen vermag.) Nicht nur Mörder, denen im Namen Jesu ihre Schuld vergeben worden ist, haben durch das Sakrament Befreiung erlebt. Auch unsere Priester sollten die Vollmacht, die ihnen gerade durch dieses Sakrament gegeben ist, wieder entdecken. Die Beichte wird zu einem Ort der Befreiung, wenn es um Bewältigung echter Schuld und nicht nur um religiöse Pflichtübungen geht.
Vielen Menschen wird auch die Eucharistie, das Abendmahl, zum Brot des Lebens. Sie werden nicht nur durch das Wort Gottes, sondern auch durch das eucharistische Brot gestärkt. Christus selbst reicht sich uns zur Speise.
Ein Weg, einen tieferen Zugang zu Gott zu finden, ist auch das geistliche Schweigen. Nicht wenigen wird gerade durch die eucharistische Anbetung eine Begegnung mit Gott zuteil. Auch der Rosenkranz – von vielen als Requisit vergangener Tage belächelt – erweist sich als geistliche Waffe. Menschen in großen Bedrängnissen erfahren durch dieses mystische Gebet Befreiung und Erleichterung.
Kirche, besinne Dich wieder auf Deine Quellen! Lassen wir die geistlichen Reichtümer nicht brachliegen. Setzen wir sie ein, so wie die Menschen sie brauchen, und so wie wir selbst damit Erfahrungen sammeln.

Christliche Ehe- und Familienarbeit

Wenn wir über die Sakramente sprechen, darf das Sakrament der Ehe nicht unerwähnt bleiben. Gerade in unserer Zeit, in der viele Ehen zerbrechen und Familien zerrüttet sind, tut eine Besinnung auf die heilende Kraft dieses Sakramentes gut.
Mag die Ehe auch nur als ein gutbürgerlicher Akt geschlossen worden sein – wenn wir uns auf den Ursprung und die Bedeutung der kirchlichen Eheschließung besinnen, wird uns bewusst, dass ein Bund mit Gott geschlossen worden ist. Dieser Bund ist vielfach unwirksam geblieben, weil Gott nicht real in das Leben der Eheleute und der Familie einbezogen worden ist. Gerade das Scheitern in Ehen bringt uns in Erinnerung,

wie sehr wir auf Gottes Hilfe angewiesen sind, weil wir allein aus eigener Kraft die Verbindung nicht aufrecht zu halten vermögen. Bis dass der Tod uns scheidet zusammenzubleiben, vermag großer Kraft und Liebesfähigkeiten. Unsere eigene Liebesfähigkeit genügt oft nicht. Wir sind auf die Liebe Gottes angewiesen, dass Er uns mit Seiner Liebe durchdringt und immer wieder von Neuem in die Versöhnung führt.
Christliche Ehe- und Familienarbeit hat gegenüber weltlicher Arbeit die Chance, dass wir Gott einbeziehen können. Der Mensch, der sich in seinen Nöten auf Gott werfen kann, hat andere Möglichkeiten. Die Ehe bekommt eine neue Chance, wenn Gott wieder die Mitte ist oder wenn zumindest ein Partner Ihn einbezieht.
Wir alle sind darauf angewiesen, an die Quelle der Liebe, an Gott, angeschlossen zu sein.

Geistliche Gemeinschaft für den sozialen Helfer

Diese Quelle der Liebe brauchen nicht nur Familien und Betroffene aus Randgruppen. Auch und gerade der christliche Sozialarbeiter und Helfer ist darauf angewiesen. Kommt doch auch er nicht selten an seine Grenzen und ist ausgepowert und selber am Ende. Die Not der Menschen, die uns anvertraut sind, kann uns selbst in große Mitleidenschaft ziehen. Wenn wir es nicht schaffen, uns von dieser Not zu lösen, dann kann sie uns niederdrücken oder niederschmettern, und sie kann uns die Kraft rauben für den weiteren Dienst.
Wir können selbst in Gefahr sein, zu resignieren. Oder wir machen uns „dicht“, um nicht weiter verletzbar zu sein. Der Schmerz kann uns überwältigen, und Enttäuschungen können uns so niederdrücken, dass wir am liebsten aufgeben möchten. Auch der Kleinkrieg mit Kollegen kann uns oft mehr zu schaffen machen als alle Einsätze mit den Betroffenen.
Wir selbst brauchen die Quelle der Liebe. Wir selbst brauchen Gott. Auch wir sind angewiesen auf die Bergung in Seiner Gegenwart.
Wichtig ist auch für uns geistliche Gemeinschaft. Menschen, die den Weg des Glaubens mit uns teilen und mit denen wir zusammen zu Gott, unserem Herrn, gehen können. Es ist ein großes Geschenk und leider alles andere als selbstverständlich im kirchlichen Dienst, wenn wir die Menschen am Arbeitsplatz finden, und wenn wir gemeinsam mit Kollegen zu Gott gehen und auch miteinander um Lösungen aus dem Glauben ringen können.

Initiativen christlicher Sozialarbeit, unter Umständen überregional beziehungsweise diözesan begonnen, könnten der erste Schritt in diese Richtung sein. Initiativen, deren Teilnehmer auch das Anliegen christlicher Sozialarbeit aufgreifen und mittragen, und die denen, die praktisch herangehen, gemeinsame Hilfestellung geben können.

Schlussbemerkung

Vom Reichtum des Glaubens und der Armut der Caritas

Ansätze christlicher Sozialarbeit – Soziale Arbeit aus dem Glauben

Jeder, der mit Menschen arbeitet, weiß, dass nicht die Methoden das Entscheidende sind, sondern der Mensch – die Persönlichkeit dessen, der die Methoden ausübt. Fachliches Können ist für die soziale Arbeit von großer Wichtigkeit, doch es bleibt tot, wenn nicht die menschliche Qualifikation hinzukommt. Es kommt ganz zentral auf den Geist an, in dem das Fachwissen angewandt wird, auf die menschliche Haltung, auf das Einlassen gegenüber den betroffenen Menschen.

So ist fachliche Qualifikation das eine, was für den sozialen Helfer wichtig ist, die Fähigkeit zum menschlichen Umgang aber das andere. Beides gehört zusammen wie das Gerippe und das Fleisch.

Für die christliche Sozialarbeit – für alle soziale Arbeit aus dem Glauben – ist das fachliche Rüstzeug sozusagen das Gerippe. Das Fleisch aber kommt aus dem Glauben. Aus ihm kommt auch der Geist, der lebendig macht und Frucht bringt.

Wer den christlichen Glauben kennt, weil er sich auf ihn eingelassen hat, der weiß, welchen Reichtum er enthält für das Leben von Menschen. Es kann durch den Glauben fruchtbar werden und zu einer Blüte gelangen. Der christliche Glaube – wenn er nicht auf eine Weltanschauung oder auf eine religiöse Konvention reduziert, sondern in seiner Ursprünglichkeit gelebt und entfaltet wird – bietet eine Fülle von Möglichkeiten zur Heilung und Befreiung von Menschen, gerade von Menschen in Not. Sie können dazu freigesetzt werden, wieder glauben und lieben zu können, Beziehung herzustellen zu Gott, zu den Menschen und zu sich selber.

Die kirchliche Sozialarbeit ist weitgehend verkümmert, da sie sich wohl der professionellen (der fachlichen), jedoch nicht der geistlichen Möglichkeiten bedient. Ausgeschöpft werden die Möglichkeiten der Wissenschaft, während an den Möglichkeiten des Glaubens achtlos vorbeigegangen wird. Manchmal hat es den Anschein, als würde die Kirche ihre eigenen Reichtümer nicht mehr kennen und nicht mehr aus den eigenen Quellen schöpfen. Die Kirche bedient sich in ihrer sozialen Arbeit der Möglichkeiten der Welt und verzichtet auf die Möglichkeiten des Reiches Gottes. Sie reicht den Menschen die Nahrung der Welt und enthält ihnen das Brot des Lebens vor. Caritas und Diakonie sind arm, da sie den Reichtum des Glaubens nicht einzusetzen vermögen. Sie schöpfen nicht aus den eigenen Quellen, sondern nur aus fremden. Sie holen den Saft nicht aus der Wurzel, sondern aus den Zweigen.

Kirchliche Sozialarbeit ist eine Angelegenheit der Macher geworden. Diakonie wird nicht mehr als Wirken Gottes durch die Menschen verstanden. Sie besteht allein aus fachlicher Professionalität. Der Mensch handelt aus eigenem Können und mit Hilfe des erworbenen Fachwissens, aber nicht mehr aus der Kraft des Glaubens und als Werkzeug dessen, in dessen Sendung Kirche steht. Er vertraut auf seine Fähigkeiten, aber nicht mehr auf Gottes Geist, der gar nicht mehr existent zu sein scheint.

Kirchliche Sozialarbeit – alle soziale Arbeit im kirchlichen Raum – unterscheidet sich kaum von professioneller Arbeit anderer Träger. Bestenfalls orientiert sie sich an christlichen Vorbildern oder schreibt in ihre Statuten christliche Leitbilder fest, die aber im realen Arbeitsvollzug faktisch nichts zu sagen haben. Eigentlich hat sie sich längst von ihrem Ursprung entfernt und ganz der Welt angeglichen.

Dabei brauchen die Menschen den Glauben. Sie brauchen die Erfahrung der Liebe von Menschen, aber auch der Liebe Gottes. Sie brauchen das Brot des Lebens, Christus selbst. Auch ihre Seelen haben Hunger, und nicht wenige kommen um, weil niemand ihnen die Speise reicht. Ich kenne Menschen vom Rande – Drogenabhängige zum Beispiel –, die heute nicht mehr leben würden, wenn sie nicht durch den lebendigen Glauben an Jesus Christus einen Ausweg aus ihrer Sinn- und Lebenskrise gefunden hätten. Der Glaube als befreiende Erfahrung – wir müssen ihn erst neu beziehungsweise wieder entdecken.

Professionalität und Glaube sind kein Gegensatz. Sie ergänzen einander. Da ist das Werkzeug, da ist der Geist. Wir brauchen Können, aber wir brauchen auch Inspiration. Wir brauchen Wissen und Fähigkeit, aber wir brauchen auch Herz.

Und wir brauchen Gott. Wir können nicht alles aus eigener Kraft schaffen. Gerade in der sozialen Arbeit geraten wir an unsere menschlichen

Grenzen und erfahren immer wieder neu, dass wir hilflos sind, und dass unsere besten Planungen nicht greifen und die Konzepte nicht umsetzbar sind, wenn die Menschen nicht wollen, und wenn sie nicht berührt worden sind.

Nutzen wir nicht nur unsere fachlichen Möglichkeiten. Wir haben die Gaben (auch unser Wissen), um sie voll zu entfalten. Aber geben wir auch den Möglichkeiten Gottes Raum.

Wir brauchen nicht nur unseren Geist, sondern auch den Heiligen Geist. Und wir dürfen die Fülle der Lebensmöglichkeiten, die Jesus Christus aufgezeigt hat, für den Dienst an den Menschen in Anspruch nehmen.

Diese Möglichkeiten aufzuzeigen ist das Anliegen dieses Entwurfes für christliche Sozialarbeit, dieser Ansätze für soziale Arbeit aus dem Glauben. Lassen wir uns inspirieren vom Evangelium Jesu Christi, dieser befreienden Botschaft, die Wege zum Leben aufzeigt und Wege, den Tod zu überwinden. Wie kann der fachliche Dienst aus dem Glauben heraus entfaltet werden, und wie können die Impulse Jesu Christi in den praktischen Dienst an den Menschen einfließen? Wie können wir den Auftrag in der Welt aus Gottes Geist erfüllen und soziale Arbeit aus dem Glauben als praktischen Weg entwickeln? Dazu will dieses Buch Anregung geben.

Lied: Herr, ich will dein Bruder sein

Verse – frei im Ausdruck

2.Herr, wenn du auf-trittst als Rei-cher, mich an-schnauzt im bar-schen Ton...
3.Herr, wenn du kommst als Ga - no - ve, in Hand-schel-len bist du schon...
3
4.Herr, wenn du als Spieß-bür-ger gei-ferst ü - ber den ver - lo - re-nen Sohn...
3
5.Herr, wenn du liegst in der Gos - se und stinkst vol-ler Al - ko - hol...
6.Herr, wenn du kommst als Ver - fol - ger der will, dass mein Blut flie-ßen soll...
7.Herr, wenn du als ein Heuch- ler sitzt auf dem ho - hen Thron
8.Herr, wenn du als ein Mo-ra - list auch noch mein Vor-ge-setz - ter bist.
9.Herr, wenn du auf-sprichst von Lie - be und du wünschst mir doch nur den Tod...
10.Herr, wenn du kommst als mein Skla - ve, dann will ich dein Be-frei - er sein...

Adressen

Gerhard Sündermann
„Soziale Arbeit aus dem christlichen Glauben e.V.“
Gerloser Weg 13, 36039 Fulda

Pfarrer Winfried Abel
Pfarrei „St. Andreas“
Andreasberg 5, 36041 Fulda

Wilma Bongartz
Emmaus-Gemeinschaft
Vogteistraße 5, 47608 Geldern